간단한
습관이
끝까지
간다

SAIDAIKA NO CHOUSHUUKAN

HORIESHIKI KANZENMUKETSU NO SHIGOTOJUTSU

ⓒ 2022 Takafumi Horie

Original Japanese edition published by TOKUMA SHOTEN PUBLISHING CO., LTD,, Tokyo,

Korean translation rights arranged with TOKUMA SHOTEN PUBLISHING CO,, LTD,

through Danny Hong Agency

간단한 습관이 끝까지 간다

**의지나 열정은 필요없다
단순한 반복이 단단한 인생을 만든다**

호리에 다카후미 지음 · 장은주 옮김

쌤앤파커스

변수 넘치는 세상에서
가장 중요한 역량

세상에 나온 경제경영서와 자기계발서가 대부분 그러하듯이, 이 책에서 소개하는 수많은 노하우도 모두 일반화할 수 있다고 생각하지는 않는다.

이 책을 손에 쥔 당신은 몇 살일까? 남성일까? 여성일까? 이렇듯 성별도 다르고 나이도 다르며 처한 환경은 더더욱 다를 테니 아무리 좋은 이야기도 일반화할 수는 없다. 하지만 설령 일반화하여 적용할 수는 없더라도 이 책에 실린 내용은 당신이 일하고 살아가는 데 충분한 힌트가 될 것이다. 그 점만큼은 자부한다. 지금까지 많은 책을 내어왔지만, 나의 노하우를 이렇게까지 드러내놓고 솔직하게 밝히기는 처음이다.

나는 지금 49세다. 이제 곧 40대가 끝난다. 마흔을 불혹이라고 하는데, 불혹이란 말 그대로 미혹迷惑되지 않는 것이다. 장장 40년의 세월을 몸소 겪으면 헤매거나 판단을 흐리는 일이 없어 어떤 일이 일어나든 초연하게 대처할 수 있는 경지에 이른다… 불혹을 문자 그대로 풀이하면 이런 의미가 아닐까. 그렇다면 나는 아직 불혹까지 한참 멀었다. 여전히 시행착오의 연속에 헤매는 것이 천지다.

나는 불혹도 제대로 이루지 못한 채 바로 40대를 끝내고 50세가 된다. 인생 100세 시대니 하는 말이 난무하는데, 그렇다면 딱 전환점에 이르렀다. 이 책은 잘난 척이 아니라, 그런 인생의 전환점을 의식하며 썼다. 말하자면 인생 전환점에서의 내 집대성이다. 나와 마찬가지로 갈팡질팡하며 시행착오를 반복할지도 모를 당신에게 선사하는 책이다.

당신이 20세든, 30세든, 설령 50세든 나이와 상관없이 갈팡질팡하며 시행착오를 반복하고 있을 것이다. 그 시행착오는 아마도 세상을 떠나는 날까지 계속되겠지만, 그러기에 즐길 만한 가치가 있다. 일도 노는 것도 전력을 다했던 나로 말하자면, 인생의 깊이는 도통 알 수 없다. 바꿔 말하면 도통 알 수 없는 가능성으로 넘쳐 흐른다. 얼핏 시원하게 똑 떨어지는 듯하나 똑 떨어지지 않는, 어쩌면 그것이 인생이라는 것의 정체다. 시행착오가 나를 살리고 당신을 살린다. 보람찬 인생이란, 결국 그런 것이다.

과거 10년 테크놀로지의 발전은 눈이 부셨다. 앞으로 디지털 사회는 더욱 가속화할 것이다. 10년 후 세계의 양상 또한 지금과는 확연히 달라질 것이다. 20년 후가 되면 윤곽을 가늠하는 것조차 불가능하지 않을까. 당신의 인생도 이 세계도 예측 불허다. 그렇다면 나나 당신에게 필요한 것은 장대한 비전 같은 게 아니다. 그런 비전은 지금부터 맞이할 현실을 감당할 수 없다.

당신이 해야 할 일은 간단하다. 눈앞의 하루하루를 묵묵히 처리하고 즐기는 것. 눈앞의 단기 목표를 하나하나 처리해가는 것이다. 장기 목표? 필요 없다. 그런 건 단순히 자유를 속박할 뿐이다. 실제로 해야 하는 일은 지금, 이 순간 안에 있다. 이 순간에만 있다.

나는 근성이니 열정이니 하는 말이 싫다. 지치기 때문이다. 지치는 것에 반해 돌아오는 것은 턱없이 작다. 그런 추상적인 것들을 추구해봐야 누구도 행복해지지 않는다. 당신이나 나에게 필요한 것은 정신이니 근성이니 하는 것들이 아니라 사고와 이성 그리고 행동뿐이다. 단, 사고와 이성 그리고 행동은 지속적이고 영속적이어야 한다. 시행착오는 죽는 날까지 계속되기 때문이다.

지속적이니 영속적이니 하니 왠지 거창한 느낌이지만 사실 대단하다거나 별다른 말이 아니다. 사고와 이성과 행동이라는 양식을 그냥 습관화하는 것이다. 일상화하는 것뿐이다. 일이나 인생을 성공으로 이끄는 데 특별한 재능이나 센스 따윈 전혀 필요 없다.

당신이 나아가는 앞길에는 변수가 가득하다. 그 변수는 때로 너무도 크고 복잡해서, 우리가 우러러봐 마지않는 재능이나 센스라 불리는 것들마저 무력화한다. 따라서 정말로 중요한 것은 그런 것들이 아니다. 정말 중요한 것은 당신 수중에 있는 능력을 최대화하는 것이다. 임기응변을 최대화하는 것이다.

혹자는 '수중에 있는 능력이라…' 하며 고개를 젓고 자신에게는 이렇다 할 게 없다며 뒷걸음치기도 할 것이다. 하지만 정말로 그렇지 않다. 당신에게는 당신만의 능력이 있다. 설령 아주 작은 능력이라도 분명 있다. 어떤 모습 어떤 상태로건 지금까지 살아온 자체가 그 증거다.

사람은 자기 자시만의 본질적인 능력을 대수롭지 않게 여기기 쉽다. 왜냐하면, 본질적인 능력이므로 지극히 당연하게 여기며 지극히 당연하게 그 능력을 사용하기 때문이다. 하지만 당신에게 당연한 능력이라고 하여 타인에게도 당연한 것은 아니다. 크기와 무관하게 그 본질적인 능력이야말로 당신만의 무기다.

나는 이 책에서 당신의 능력을, 당신의 능률을 최대화하는 습관을 들이기 위한 노하우를 밝힐 것이다. 절대 어렵지 않다. 아주 간단하다. 이를 위해 내가 불혹의 나이에 이르기까지 최대로 배양한 노하우와 인생관을 이 책에 모두 응축했다. 앞서 집대성이라고 말했던 것은 그런 의미다.

이 책이 당신에게 참고가 된다면 행복하겠다.

차례

1장

끝까지 해내기 위한 행동 습관

2장

아이디어를 손에 넣기 위한 습관

3장

시간 효율을 극대화하기 위한 습관

4장

스트레스에서 자유로워지기 위한 습관

5장

최고의 컨디션을 유지하기 위한 습관

"당신의 미래는
당신의 일상 속에 숨겨져 있다."

- 마이크 머독 -

1장

끝까지
해내기 위한
행동 습관

습관의 중요성을 모르는 사람은 없다.
좋은 습관을 몸에 익히기가
얼마나 어려운지 모르는 사람도 없다.
목표한 바를 이루게 돕는 행동을 습관화해야 한다.
끝까지 해내기 위한 습관의 비밀은 바로
'간단함'에 있다.
간단한 습관만이 끝까지 간다.

행동은 습관이다

일 때문에, 혹은 삶의 방식 때문에 괴롭고 힘든가? 만일 힘들다면 그 고민은 구체적이면서도 객관적인가? 그렇지 않다면 그 고민은 막연한 불안에 가까울 것이다. 혹은 '상사가 마음에 들지 않는다'와 같이 사적인 감정이 섞인 문제일 것이다. 당신의 고민은 어느 쪽인가. 하루하루를 충실하게 보내고 싶다면 그것부터 규명해야 한다. 당신의 고민은 무엇인가.

그 질문에 즉시 구체적이고도 객관적인 대답을 할 수 있다면 걱정할 필요가 없다. 왜냐하면, 그것은 이미 당신이 행동을 일으키고 있다는 증거이기 때문이다. 지금의 고민을 두고 더욱 고뇌하기를 바란다. 당신의 지식, 사고력, 대처 능력은 그 고민을 거쳐 최대화한다. 나의 경험으로도 확실하게 단언할 수 있다.

문제는 즉시 구체적이고도 객관적인 대답을 하지 못하는 경우이다. 그것은 행동을 일으키고 있지 않다는 증거다. 개중에는 "절대 그렇지 않다. 나는 행동을 일으키고 있다"라고 반론하는 사람도 있을 것이다. 하지만, 나는 그런 것은 행동이라고 부르지 않는다. 혹은 행동에 대한 인식이 다르다고 할까. 행동을 일으키지 않고 제자리걸음만 하는 당신. 그렇게 자각하고 있는 당신, 갈팡질팡하기만 하는 당신….

당신을 조롱하거나 비하하려 하는 말이 아니다. 내가 여기서 말하는 행동이란, 무언가를 바꾸고자 하는 의지와 실행을 의미한다. 지금부터의 이야기를 진지하게 잘 들어야 한다. 나는 당신에게 병 주고 약 주려는 것이 아니라 사실을 사실로서 말하는데, 그런 당신이야말로 가능성의 보고다.

행동을 일으키지 않아서 제자리걸음만 할 뿐이었다면, 이제 제대로 행동만 일으킨다면 분명 '뭔가'가 일어날 테니까 말이다. 그 '뭔가'와 함께 등장하는 과제나 시련이 당신을 살린다. 그것이야말로 삶의 보람이자 가치다.

당신의 가능성을 높여 능력을 최대화하려면 일단 행동이 따라야 한다. 구구절절 말할 필요 없이 행동은 당신 스스로 일으키는 것 외에는 방법이 없다. 의지할 수 있는 것은 자신뿐. 단순명료한, 너무나 당연한 진리다. 그 진리를 머리로는 이해하면서 언제까지고 행동에 옮기지 못하는 사람이 많다. 나는 그런 사람들을 지켜보며 깨달은 바가 있다.

많은 사람이 행동을 정신론으로 받아들인다는 점이다. 결국 행동을 일으키지 못하는 것은 근성이 부족하기 때문이라고 해석한다. 그리고 급기야 '나는 근성이 없어서 안 돼'라고 멋대로 자기를 부정하기에 이른다. 하지만 그것은 오해다. 행동에 의지나 열정은 필요 없다. 의지나 열정에 의존한 행위는 오래 가지 않는다. 지치기 때문이다. 행동은 습관이어야 한다. 지속적, 연속적, 영속적인 습관 말이다.

습관이기 때문에 거기에는 당연히 노하우가 있다. 나는 지금부터 그 노하우에 관해 이야기하려고 한다. 행동을 일으켜 끝까지 해내기 위한 노하우다. 물론 사람에게는 저마다 적성이나 개성이 있다. 성별 차이가 있는가 하면 나이 차이도 있고, 처한 환경도 저마다 제각각이다. 따라서 지금부터 소개하는 나의 습관 노하우가 당신에게 딱 맞아떨어지는 일은 있을 수 없다. 있을 수 없는 대신, 충분한 힌트가 될 것이다.

지금부터 하는 말은 듣기에 따라 하나같이 기본적인 것들뿐일지도 모른다. 하지만 그런 만큼 결코 쉽게 흔들리지 않는 원칙에 가까운 것들이다. 이것들을 당신에게 맞게 변형하여 알맞게 활용해주기 바란다.

POINT

행동은 정신론도 아니고, 행동에 의지나 열정이 필요한 것도 아니다. 행동은 지속적, 연속적, 영속적인 습관이다. 그 습관의 형성에는 노하우가 있다.

자신에게 솔직해지는 습관

미국의 철학자이자 심리학자 윌리엄 제임스는 다음과 같은 명언을 남겼다. "행복해서 웃는 게 아니다. 웃으니까 행복한 것이다." 맞는 말이라고 생각한다. 행동에서 본질이 생겨난다. 본질은 어디까지나 사후에 발생하며 본질이라는 추상은 단독으로 선행하여 존재하는 것이 아니다.

나는 중학생 시절 프로그래밍에 빠져 있었다. 제대로 알지도 못하면서 대충 감으로 컴퓨터를 사용하던 중에 나만의 시스템을 구축할 수 있는 프로그래밍의 매력에 점점 빠져들었다. 그 것이 마침내 비즈니스로 이어졌고 나는 그 비즈니스에서 더욱 성공을 거둬야겠다는 야심으로 불타올랐다.

요컨대 오늘에 이른 나의 커리어를 극단적으로 압축해서 말 해본다면, 프로그래밍과의 만남이 전부다. 프로그래밍을 만나 지 않았더라면 또 다른 나름의 커리어를 쌓았겠지만, 적어도 지금의 성공은 프로그래밍을 만난 덕이라 해도 과언이 아니다.

미리 목표로 하는 커리어가 있어 프로그래밍에 발을 들였던 것은 아니다. 일단 행동이 있고 결과적으로 커리어가 따라왔 다. 행동을 일으키지 않으면 아무것도 시작되지 않는다.

그렇다면 당신에게 있어 바른 행동이란 무엇인가. 답은 간단 하다. 먼저 가슴에 손을 얹고 '내가 몰두할 수 있는 일은 무엇 인가?'라고 자문해보라. 모든 것은 그 질문에서부터 시작된다.

크로스핏 하기를 좋아한다, 중식을 요리하길 좋아한다, 발레 연습을 좋아한다는 것처럼 누가 들어도 건설적으로 보이는 것 만 이야기하는 게 아니다. 예컨대 스마트폰으로 게임하기를 좋 아한다, 만화나 애니메이션 보기를 좋아한다, 아이돌을 좋아한 다… 이렇듯 당신이 몰두할 수 있는 일은 분명 있다.

그런데 거기까지 자문하고 포기하는 사람이 많다. 좋아하고 몰두할 수 있지만, 역시 생산적인 일이 아닌 것 같다고 물러선다. 하지만 정말로 그럴까. 정말로 그 일은 생산적이지 않을까.

비디오 게임을 좋아한다면 게임 실황을 보고 그 생생한 재미를 노트에 기사로 써본다. 혹은 게임을 제작하는 일은 어떨까. 아이돌을 좋아한다면 팬 미팅에 참석도 해보고, 팬 카페에서 열심히 활동하며 이벤트를 기획하여 아이돌을 직접 초빙해본다. 이렇게 한 단계씩 밟아가다 보면, 어느새 그 일은 번듯한 직업이 되어 있을 것이다.

당신은 무엇에 몰두할 수 있는가? 자문하고 자신에게 솔직해져라. 자신에게 솔직해지라는 이 말은 이제 진부하기 짝이 없다. 그러나 이런 진부한 말이야말로 시대와 환경을 초월하여 보편적인 정답일 때가 많다.

자신에게 솔직해질 때 머릿속으로 계산기를 두드리지는 말자. 소심하게 걱정하는 일도 그만하자. 애초에 생활이란 무한의 변수로 가득 차 있다. 앞일을 예측하고 걱정한들 무슨 의미가 있을까. 자고로 먹고 사는 건 어떻게든 되게 되어 있다.

만일 그 일 때문에 수입이 줄어 쪼들리면 생활 수준을 확 떨어뜨리면 된다. 지인에게 머리를 숙이고 돈을 융통하면 된다. 지금은 21세기다. 마지막의 마지막에는 공적인 안전망도 마련되어 있다. 일단 자신에게 솔직해지는 습관을 들여야 한다.

나는 일찍이 회사를 경영하면서 MBA 취득도 하지 않았고 경영지침서 같은 책도 읽은 적이 없다. 전부 시행착오를 겪으며 나의 방식대로 해왔다. 그렇게 하여 한때 시가 총액으로는 글로벌기업 수준의 규모까지 회사를 키운 적도 있다. 만일 이런저런 지식을 가득 채워 넣은 뒤에 덤벼야겠다고 마음먹었더라면 애당초에 시도하지도 못했거나 적어도 그 정도까지의 성장을 일구지는 못했을 것이다.

머리로만 생각하고 행동이 따르지 않은 나머지, 좋은 기회를 놓쳤을지도 모르고 무엇보다 즐겁지 않았을 것이다. 지루한 일을 계속하는 것 이상의 고통은 없다. 몰두할 수 있는 일에 자연스레 몰두하다 보면, 기술이나 센스 같은 것은 나중에 어느 순간 따라붙는다.

42.195km의 풀코스 마라톤은 힘들다. 완주하려면 체력과 정신력이 필요하다. 하지만 100m 달리기라면 어떨까? 나는 달릴

수 있다. 당신도 달릴 수 있다. 누구라도 달릴 수 있다.

다시 말해 100m 달리기를 몇 번이고 몇 번이고 반복하다 보면, 어느 순간 42.195km에 도달해 있다. 그러니 멀리 봐서는 안 된다. 장기적인 목표는 필요 없다. 방해만 될 뿐이다.

사람은 누구나 타고나길 집중력이 부족하고 산만하며 게으르다. 물론 나에게도 그런 면은 충분히 있다. 그러니 일단은 갈 수 있을 만한 거리까지 달려본다. 지금은 자기 발목만 보고 달리자.

POINT

모든 걸 쏟아 몰두할 수 있는 일을 찾았는가. 생활은 어떻게든 된다. 머릿속에서 두들기는 계산기는 밀어놓고, 몰두할 수 있는 일에 모든 것을 쏟아보라.

재미있을 것 같은 일과
재미있는 일은 완전 별개

당신이 몰두할 수 있는 일을 한다. 그것이 바른 행동의 첫걸음이다. 이 말 누군가는 이렇게 생각할지도 모르겠다. '어떤 일에 몰두 해야 하나' 하고 말이다. 이 때문인지 항간에는 '하고 싶은 일을 찾는 방법' 같은 책이 넘쳐난다. 나는 이해하기 어렵지만, 하고 싶은 일이 무엇인지, 몰두할 수 있는 일이 무엇인지, 그 첫걸음을 어떻게 떼야 할지 모르는 사람이 많은 듯하다. 그런 상황에 빠지는 사람들에게는 예외 없이 몇 가지 공통된 패턴이 있다.

첫째, 자신에게 솔직해지지 않는 패턴이다. 자기 내면을 제대로 바라보지 않고 안이하게 누군가를 흉내 내려 한다. 지금 세상에서 가장 빛나 보이는 일이나 취미에만 한정해, 그중에서만 하고 싶은 일을 고르려고 한다. 그래서는 안 된다.

이를테면, 유튜버가 재미있는 동영상을 올린다고 하여 당신이 그 유튜버와 똑같은 입장에서 상황을 즐길 수 있는 것은 아니다. 당연한 이야기다. 재미있을 것 같은 일과 재미있는 일은 전혀 다르다. 그것이 뒤죽박죽 섞여버리니까 눈이 멀어진다. '저 사람이 재미있게 하는 일'은 당신과 아무런 상관이 없다. 중요한 것은 당신이다. 선택지는 당신 안에만 있다. 그리고 답도 분명 그 안에 있다.

둘째, 몰두할 만한 일, 하고 싶은 일은 있지만 어떻게 해야 좋을지 모르는 패턴이다. 그렇게 되는 원인은 간단하다. 정보 부족이다. 행동을 일으키는 데 근성이나 기합은 필요 없다. 하지만 정보는 필요하다.

스마트폰을 들여다보면 방대한 정보가 당신에게 흘러들어온다. 물론 그 정보는 당신만 독점하는 것이 아니라 누구나 똑

같이 공유한다. 그래서 진짜 중요한 정보란 인터넷 안에는 없다고 역설하는 사람도 있다. 하지만 그렇지는 않다. 그것은 인간의 개성을 경시한 사고방식이다. 같은 정보라도 어떤 필터를 거치느냐에 따라 그 의미와 가치가 확연히 달라진다.

인터넷이라는 바다에는 당신의 등을 떠밀어줄 실제 사례나 체험담이 있다. 또한, 손에 잡히는 동영상 편집 방법, 눈길을 사로잡는 블로그 기사 작성법, 숨겨진 여행지 탐색 같은 모든 분야의 노하우가 집결되어 있다. 만일 당신이 바둑을 좋아한다면 온라인으로 대국 상대를 매칭해주는 서비스도 있다.

당신이 하고 싶은 것은 얼마든지 학습할 수 있고 얼마든지 확장할 수 있다. 그것을 위해 소중히 간직해둬야 할 정보 같은 건 없다. 그런 환상은 버려라. 지극히 넘쳐나는 정보 사이에 해법이 있다는 사실을 깨달아야 한다.

셋째, 하고 싶은 것을 부지런히 퍼담는 패턴이다. 정확히는 퍼담기만 하는 경우이다. 이것저것 다 하고 싶어 하는 도전 정신은 칭찬할 만하다. 하지만 바로 하면 될 것을 바쁘다는 핑계로 '언젠간 한다'라는 태그를 붙여 머릿속에 푹 담가둔다. 그리고 꺼내지 않은 채 태그를 모으기만 하다가 '언젠간 한다'가 점점 '할 수 있다면 하고 싶다'로 바뀌고 끝내 '하고 싶은 일 따윈 없어'라며 사고가 멎고 만다.

나는 지금까지 하고 싶은 일을 원 없이 해왔다. 23세에 창업하여 4년 후 도쿄증권거래소 마더스에 상장시켰다. 프로야구 구단 개편 때는 신 구단 설립에 착수하여 프로야구 활성화를 도모했다. 그리고 닛폰방송과 후지TV를 매수하여 역사적인 미디어 혁명을 일으키고자 했다. 중의원 총선거에 입후보하여 진심으로 일본을 바꾸려고도 했었다.

나 스스로는 그렇게 느끼지 않았지만, 남이 보기에 나의 행동력은 평범함을 벗어나 있는 듯하다. 따라서 나도 했으니까 당신도 할 수 있을 거라는 말은 하지 않겠다. 단지 나는 나의 시간을 매 순간순간 최선을 다해 써 왔음을 당신에게 자랑하고 싶을 따름이다. 그리고 당신도 그렇게 할 수 있길 바란다.

'언젠간 한다'라는 말은 그저 말일 뿐이다. 다시 말해 기회 손실밖에 되지 않는다. 그렇게 생각하는 순간에도 눈을 멀뚱히 뜨고 자신의 가능성을 놓치고 있을 뿐이다. 그런 의미에서 당신은 내일의 당신에게 의지해서는 안 된다. 미래의 시간은 예측할 수 없기 때문이다. 당신이 의지해야 할 상대는 오늘 지금 여기에 있는 당신뿐이다. 하고 싶은 일을 바로 할 수 있는 지금, 이 순간의 당신이다.

'언젠간' 해서는 안 된다. 그런 말은 실재하지 않는다. '지금 바로' 한다. 시간에 관한 한 둘도 없는 자린고비가 되어야 한다.

'나는 몰두할 게 없다.'

그런 일은 있을 수 없다. 당신은 로봇이 아니다. 인간이다. 인간인 이상 취미나 기호는 있게 마련이다. 당신에게는 당신만의 고유한 세계가 있다. 그것이 바로 당신만의 강점이다. '몰두'의 입구는 바로 눈앞에 있다.

POINT

자신이 몰두하고 싶은 일과, 유행처럼 떠오르는 일을 정확히 구분해야 한다. 정말로 자신이 몰두할 수 있는 일이 무엇인지 고민해보라.

한 걸음 앞서 나가는 사고

좋아하는 일에 곁눈도 주지 않고 푹 빠져든다. 설레는 마음, 두근거리는 마음을 따라 움직이는 습관을 들인다. 그렇게 되면 이제 당신은 물러설 수 없다. 앞으로 뚜벅뚜벅 나아가는 수밖에 없다. 그 앞에 무엇이 있는지는 신만이 안다. 당신도 나도 예측할 수 없다.

하지만 이것만큼은 단언할 수 있다. 그 앞에서 당신을 기다리는 것은 당신의 '천직'이다. 구체적으로 어떤 단계를 거쳐 어떤 장소에 이를지는 예측할 수 없지만, 정말로 그렇게 된다. 자신의 마음에 솔직하게 몰두하여 끝까지 해낸 결과이므로 그것은 당신의 천직이라고 부를 수밖에 없다.

내가 아는 출판 편집자 중에 출판계와는 전혀 연이 없을 듯한 딱딱한 이공계 출신자가 있다. 그는 원래 엄청난 독서광으로 대학원 졸업 후에도 취업하지 않고 오로지 독서에 탐닉하는 날들을 보냈다. 생활비는 가끔 단기 아르바이트를 하거나 지인에게 돈을 빌려서 충당했고 먼 미래의 일 따윈 딱히 생각하지 않았다.

다만, 그에게는 독서가 자신을 어딘가로 이끌어주리라는 확신이 마음 어딘가에 있었다. 그러다가 언젠가부터 잡지에 글을 기고하게 되었고 그 일을 계기로 30세를 눈앞에 두고 마침내 지금의 편집 일에 이르렀다.

먼 길을 돌아왔지만, 지금은 자기가 좋아하는 책과 관련된 일로 생활을 꾸려가고 있으니 그에게 편집자란 더할 나위 없는 천직이 아닐까.

앞서 말했듯이 나는 중학교 때 프로그래밍에 빠졌다. 교과서를 펼칠 짬이 있다면 코드를 하나라도 더 쓰고 싶었고, 실제로도 그렇게 했다. 덕분에 그때까지 우수했던 성적은 이내 곤두박질치기 시작했다. 그런 상태에서 결국 어떻게 되었느냐 하면, 23세에 이른바 IT 기업을 세워 눈 깜빡할 새 사업이 커지면서 세간에서 흔히 말하는 성공을 거머쥐게 되었다.

당신이 몰두할 수 있는 일에 빠져들어 행동을 일키는 것, 그것이 당신 인생의 정답이다. 일단 행동을 일으키면 다양한 변화가 찾아온다. 설렘이 늘어난다. 그리고 동시에 시련과 난관도 닥치기 마련이다. 시련이나 난관이 따르는 것은 당신의 행동이 확실하게 힘을 발휘하게 된 증거이니 걱정할 필요가 없다. 오히려 반겨야 할 일로, 온갖 수단을 동원해 극복하면 그만일 뿐이다.

시련과 난관을 극복하는 데 필요한 핵심은 합리적 사고다. 합리적 사고 역시 별다른 게 아니다. '한발 앞'을 생각하고 행동하는 것이다. 딱딱하게 표현한다면 단기 목표의 명확한 설정이다. 당신은 그 습관을 들여야 한다. 어려울 건 없다.

나는 10대 무렵부터 그것만큼은 확실하게 지켜왔다. 당시의 나는 후쿠오카현 야메시의 시골 마을에 살았고, 도쿄로 나가고 싶었다. 하지만 부모님이 쉽사리 허락해줄 리 없다는 것도 알고 있었다. 그래서 죽도록 공부해서 현역으로 도쿄대에 합격했다. 아닌 게 아니라, 도쿄대라니 부모님도 말리지 못했다. 나에게는 도쿄로 나간다는 단기 목적이 있었기에 취해야 할 수단이 도쿄대 합격 하나로 압축된 것이다.

도쿄대에 입학하고서, 나는 1994년에 창업했다. 그 무렵은 지금과 달리 회사를 설립하려면 적지 않은 자금이 필요했다. 그런 돈이 내 수중에 있을 리 만무했지만, 당시 세상은 IT 혁명의 전야에 놓여 있었다. 내게는 분명 인터넷이 세상을 바꿀 것이라는 확신이 있었다. 그 흐름에 늦게 올라탈 이유는 없었다.

그래서 600만 엔이라는 종잣돈을 어떤 두려움도 없이 대출했다. 이때의 대출금은 내게 결코 리스크가 아니었다. 오히려 당장 종잣돈이 없어서 기회를 놓치고 더 큰 부를 일구지 못할 것이라 생각하니, 망설임 따위가 있을 리 없었다. 장대한 비전은 필요 없다. 그런 것은 실전에서 무력하다. 그것보다는 한발 앞을 생각하는 습관이 중요하다.

$2 + \square = ?$

이 상태에서 최적의 □ 를 찾아내는 것은 불가능하다.

$$2 + □ = 5$$

5라는, 추구하는 결과가 눈앞에 명확히 보이면 상황이 달라진다. 지금 필요한 □ 는 3이다. 무엇이 필요하고 무엇이 불필요한지 알 수 있다. 당신 역시 당신이 원하는 결론을 먼저 알아야 지금 무엇이 필요한지 알 수 있다.

POINT

거창한 비전 따윈 필요 없다. 한발 앞을 생각한 후, 눈앞에 보이는 목표를 설정하라. 그리고 그 목표를 향해 주저 없이 달려보라.

점을 찍는 습관이 잡음을 물리친다

한 번 일으킨 행동이 다음 행동을 부르고 그 행동이 또 다른 행동을 부른다. 그렇게 끝까지 해내야 비로소 자아실현에 이른다. 다시금 반복해서 말한다. 행동은 습관이다. 아침에 일어나서 이를 닦고 자기 전에 이를 닦는다. 당신은 이를 닦을 때 양치질에 관해 깊이 생각하는가? 양치질의 의미나 속성 등을 고민하며 이를 닦는가? 그런 사람은 없을 것이다. 다른 행동도 마찬가지이다. 그것과 다르지 않다. 다르지 않아야 한다. 행동을 지속하는 데 근성이나 기합은 필요 없다. 단순하게 눈앞의 일어난 일에 손을 대면 된다. 의심하고 주저하는 것은 시간 낭비다. 그저 행동하면 된다.

내가 글을 쓸 때 종종 인용하는 스티브 잡스의 말이 있다.

"점을 이어라Connecting the dot."

스탠퍼드대학 졸업식에 초빙된 잡스는 축하 연설에서 이렇게 말했다. "미래를 예측하고 점들을 잇는 것은 불가능한 일이었습니다. 먼 훗날 과거를 돌아봤을 때 그 점들이 이어졌을 뿐이죠. 그러니까 지금 하는 일을 믿고, 열매를 맺을 거라 믿고 행동하는 수밖에 없습니다."

잡스는 비즈니스에서 '점'을 난타하는 데 몰두했다. 셀 수 없을 만큼의 실패를 겪으며 고집스럽게 묵묵히 앞으로 나아갔다. 비즈니스 세계에서 최고의 영광과 성공을 거머쥔 위인이지만, 난립한 점이 많은 것으로도 세계 톱클래스의 인물이었다.

잡스는 자신이 찍은 무수한 점들을 어떤 한 맥락에 따라 쓱쓱 구술로 꿰어 혁신적인 발상의 원천으로 삼았지만, 점을 찍을 때의 그 과정 하나하나마다 그것들이 이어지리라는 생각을 하지는 않았을 것이다. 그저 그 점을 찍는 순간에는 그 점에 몰두했을 것이다. '아이폰으로 돈을 벌자!' 이런 생각은 전혀 없었을 것이라는 말이다.

나도 사업가의 감으로 안다. 좋아하는 만큼 몰두해서 계속 찍었던 점이 뜻하지 않은 형태로 이어져 비즈니스 기회를 꿰어내는 그 순간은 견딜 수 없이 흥분된다. 당신도 계속해서 점을 찍기를 바란다. 계속해서 찍어야 한다.

내가 계속해서 찍어야 한다고 힘주어 이야기하는 이유는, 그러한 일종의 발산적 에너지를 무절제하다며 비난하고 싶어 하는 사람이 많기 때문이다.

"턱없는 짓 하지 마라", "아무것도 손대지 말고 가만히 있어라", "성실하게 한 우물만 파라"라고 말한다. 결국에는 "자기 좋은 대로만 하니 남에게 폐를 끼친다"라며 설교를 늘어놓는 모양새다. 그런 상대에게 슬쩍 이렇게 물어보자.

"무엇이 어떻게 폐를 끼쳤습니까?"

분명 시원한 답변은 돌아오지 않을 것이다. 당연하다. 무엇이 좋은 삶의 방식이고 무엇이 나쁜 삶의 방식인지 일률적으로 정해져 있지 않기 때문이다. 그들의 비난에는 근거가 없다. 군중심리를 방패로 내세우는 단순한 동조압력에 불과하다. 그리고 이런 동조압력은 당신의 가능성을 갉아먹는다. 그러니까 저항하자. 달려들어 물어뜯으라는 말이 아니다. 그 에너지를 자신에게 쏟자. 점을 찍는 습관이 잡음을 물리친다.

누구나 일에서 곤경에 처했을 때, 기대하지 않은 뜻밖의 형태로 과거의 인맥이나 경험에 도움받은 적이 있을 것이다. 즉 '점'이 당신을 구한 것이다. 하고 싶은 일을 하는 것은 무모하지도 엉뚱하지도 않다. 오히려 유동성이 높은 현대에는 견실한 삶의 방식이라고 할 수 있다.

어린 아이는 점을 찍는 명인이다. 주변의 온갖 것에 흥미를 갖고 몰두하는 중에, 누군가에게 배운 것도 아닌데 풍부한 지식과 감성을 획득한다. 그리고 때론 주위 사람들이 깜짝 놀랄 만큼 기발한 아이디어를 내기도 한다. 당신의 가장 든든한 스승은 다른 누구도 아니다. 혼이 나도 아랑곳하지 않고 계속해서 점을 찍던, 어린 시절의 당신 자신이다.

원 없이 좋아하는 일을 하고 미안해하지 마라. 그것이야말로 그 무렵의 자신, 재기발랄하던 자신에게 미안한 일이니까.

POINT

커리어를 망칠까 봐 다른 일을 시도하기 두려운가. 인생에서 점과 점은 결국 이어지기 마련이다. 몰두하고 싶은 일이 생기면 주저 없이 에너지를 발산하라.

운은 단순한 수의 논리

어느 경제 저널리스트에게 들은 이야기다. 그는 오랫동안 유서 깊은 대기업 사장들을 많이 취재해왔다. 그 결과, 대기업 사장들은 그 자리에 오기까지 거의 모두 유사한 과정을 밟아 왔음을 알게 되었다고 한다. 그것은 기존의 사장과 친하던 상사가 사장이 된다는 것이다. 대기업에 들어가 출세를 하려면, 어떻게든 자기와 친한 상사를 출세시키는 것이 노하우라면 노하우랄까. 큰 조직에 맞는 체질이란 그런 것이다.

일본은 대기업 신앙이 뿌리 깊다. 유명 대학의 학생들은 대부분 대기업에 취업하고 싶어 한다. 급여도 높고 안정적이기 때문이다. 물론 지금은 대기업이라고 안정적인 시대는 아니다. 굳이 말하자면 사실 벤처기업이나 프리랜서 역시 사정은 마찬가지다. 어느 직종 어느 직군이나 안정은 옛날이야기다. 물론 그렇다 하더라도 대기업 신앙을 좇는 심리도 이해는 간다. 이러니저러니 해도 당장 받는 연봉도 훌륭한 편이고 주변에 이야기할 때에도 어깨에 힘을 주기 좋다. 그래서 대기업에 취업하면 부모님이나 친척들도 기뻐한다.

　하지만 똑같이 안정적이지 않다면, 숨 막히는 대기업의 관료적 조직에 인생을 허비하지 않고 하고 싶은 일을 하며 좌절도 하고 시행착오도 겪는 것이 훨씬 생동감 있는 삶이다. 적어도 즐거움의 측면에서는 더 나은 선택임이 분명하다. 나의 주위에 창업하거나 프리랜서로 활동하며 성공한 사람들은 다들 즐거워 보인다. 이러면 또 '성공을 하고 난 이후이니 즐거운 게 아닌가?' 생각하는 사람이 있을지도 모른다. 하지만 분명히 말할 수 있는데, 이들은 성공해서 즐거운 것이 아니다. 그들은 성공하기 전부터 즐거웠다.

'성공'이라는 한마디로 정리할 수도 있지만, 어떤 성공에건 그 이면에는 각각의 스토리가 녹아 있다. 들을 때마다 인생은 한 편의 드라마임을 절실히 깨닫는다. 한편 앞서 말한 대기업의 출세 노하우는 아니지만, 이쪽에도 공통된 사항이 하나 있다. 바로 끝까지 해내는 힘이다. 성공한 사람은 예외 없이 스스로 행동을 일으켜 끝까지 해냈다.

성공에는 능력과 운이 필요하다. 능력이란 당신의 개성을 말한다. 그러니 당신의 개성을 살려 하고 싶은 일을 해야 한다는 뜻이다. 운이란 당신의 능력과 맞아떨어진 것이다. 운이란 눈에 보이지 않는 우연한 만남이다. 그렇다면 이 운이라는 요소는 자력으로 어떻게 할 수 없다는 것일까? 이 질문에 대답하자면, 나는 그렇게 생각하지 않는다.

예전에 방송작가이자 프로듀서이기도 한 아키모토 야스시 씨가 술자리에서 "호리에 씨. 자네는 책을 더 내야 해"라고 내게 말한 적이 있다. 당시에도 이미 저서는 꽤 나온 상황이었지만, 희대의 히트 메이커 아키모토 씨의 눈에는 아직 많이 부족해 보였으리라.

아키모토 씨는 그 자리에서 피카소 이야기를 들려주었다. 아키모토 씨는 먼저 내게 질문했다. "이미 유명하고 대단한 화가는 넘치도록 많은데, 피카소는 어떻게 세계에서 가장 유명한 화가가 될 수 있었을까?"

재능, 감성, 기술, 연마, 혁신성 등 다양한 관점에서 다양한 요인을 꼽을 수 있겠지만, 아키모토 씨는 조금 다른 지점을 꼽았다. 간단하게 말해 피카소가 다작했다는 사실을 절대 간과해서는 안 된다는 논지였다. 재능이나 기술만이 전부가 아니다…. 피카소는 15만 점에 달하는 방대한 작품을 그려냈기에, 그야말로 후대에 길이 남을 화가가 될 수 있었다고 아키모토 씨가 내게 가르쳐줬다.

나는 그 말을 듣고 고개를 끄덕였다. 많은 사람에게 자신의 메시지를 전하고 후세에 남기 위해서는 더 많은 책을 내어야 한다. 나는 그 깨달음을 바로 실행으로 이었다. 그 깨달음 이후로 나는 출간 페이스와 소재의 밸런스도 무시하고 떠오르는 족족 신작을 내고 있다. 제대로 세지는 않았지만, 지금까지 200권 이상은 될 것 같다. 덕분에 《제로》, 《다동력》 같은 베스트셀러도 나왔다.

아키모토 씨의 조언에는 무게가 있다. 아키모토 씨는 요지부동의 히트 메이커다. 그런 아키모토 씨는 언제나 빛나는 성공 가도만 걸어온 것처럼 보인다. 하지만 그런 아키모토 씨마저 셀 수 없을 만큼의 실패를 겪었다. 무참하게 날아간 프로젝트를 세려고 하면 끝이 없다. 히트한 작품은 아키모토 씨가 찍어온 방대한 점의 한 줌에 지나지 않는다.

아키모토 씨는 자신의 히트 제조의 비결을 "많이 해왔을 뿐"이라고 공공연히 이야기한다. 나는 그런 아키모토 씨의 말을 겸손도 뭣도 아니고, 그냥 있는 그대로의 사실이라고 생각한다. 조금 안타까운 이야기지만 잘 쓰인 작품이라고 반드시 히트하는 것은 아니다. 이와 반대로 상업적으로 히트한 작품이 작품성의 측면에서는 대단히 좋게 평가받지 못하는 경우도 적지 않다. 성공에는 헤아릴 수 없을 만큼 다양한 요인이 복합적으로 작용한다. 즉 운이다. 따라서 성공과 실패에 일희일비할 필요는 더더욱 없다.

아키모토 씨의 예에서도 알 수 있듯이 행동의 모수는 많을수록 좋다. '점'의 모수는 많을수록 좋다는, 단순한 수의 논리다.

결국 시행 횟수를 늘리면 당신의 운을 당신의 손으로 끌어올리는 것과 다르지 않다.

POINT

모든 행동의 두려움을 지우고, 끊임없이 시도하라. 운은 무수한 시도에서 돋아나고, 빛나는 성공은 운을 양분 삼아 싹을 틔우는 법이다.

타인을 디딤돌 삼아 능력을 극대화한다

흔히 사람, 물건, 돈은 움직이는 곳에 모인다고들 말한다. 당신의 행동도 당연히 그렇게 된다. 당신이 바라든 바라지 않든 머지않아 사람, 물건, 돈이 모이는 곳으로 흐른다. 그것이 사회와 경제의 법칙이다.

그중에서도 특히 중요한 것은 사람이다. 사람과의 유대다. 예전에 '라이브도어'를 경영하던 무렵의 얼핏 화려한 이미지가 있어서인지, 세상은 나를 싫든 좋든 재기 넘치는 인물로 평가한다. 하지만 그것은 오해다. 프로그래밍이나 기업 경영의 경험치가 다소 괜찮은 정도다.

　나보다 두뇌가 명석한 사람도 활력으로 똘똘 뭉친 사람도 숱하게 많이 만나왔다. 애초에 나는 그렇게 특출난 인간이 아니다. 대부분의 사람과 다르지 않다. 당신만큼 보드게임의 규칙에 정통하지 않고 당신만큼 피아노나 기타를 잘 연주하지 못한다.

　이렇게 평범한 사람이 혼자서 할 수 있는 일은 정도가 빤하다. 그러니까 끝까지 해내고 또 해내고 또다시 해내기 위한 최대의 자원은 타인의 힘이다. 사람과의 유대를 빼고서 당신의 자아실현은 불가능하다.

　나는 라이브도어 시절부터 지금까지 쭉 그러했다. 항상 누군가를 끌어들여 왔다. 2018년에 설립한 온라인 학점 이수형 고등학교인 '제로고등학원'. 작금의 폐해투성이인 학교 교육의 방식을 어떻게든 변화시키고, 아이들에게 자유로운 배움의 장을 제공하고 싶은 나의 오랜 생각을 구현해낸 학교이다. 이를 이뤄낼 수 있었던 까닭은 지금 제로고 대표이사를 역임 중인 나이토 겐지 씨를 비롯하여 뜻을 함께한 각 분야 핵심 인물들의 힘이 있었기 때문이다. 설립 당시에는 "호리에몬이 하다 하다 학교 운영에까지 손을?" 하는 회의적인 눈초리도 받았지만, 지금은 제로고 입학을 희망하는 학생들의 줄이 끊이지 않고 있다.

항공우주 사업도 그렇다. 나는 학생 시절부터 로켓에 흥미가 있어 그 방면의 전문 서적과 과학 잡지를 손에 잡히는 대로 읽어 왔다. 그리고 마침내 34세 때 로켓 개발에 착수하는 염원을 이뤘다. 그로부터 다시 15년이 지난 2019년 내가 출자한 항공우주 벤처사 '인터스텔라테크놀로지'는 전체 길이 10m의 미니 로켓을 우주까지 쏘아 올리는 데 성공했다.

일본의 민간 회사가 단독으로 만든 로켓이 우주에 도달한 것은 처음 있는 일이었다. 목표를 이루기에는 아직 먼, 작은 한 걸음일지 모르나, 분명하고 확실하게 쾌거라고 할 수 있다. 여기에도 키맨이 있으니, 바로 인터스텔라테크놀로지 대표인 이나가와 다카히로 씨다.

인터스텔라테크놀로지에 입사하기 전 대학원생이었던 이나가와 씨는 당시 타사에 취업이 내정된 상태였다. 그런 그를 내가 설득하여 인터스텔라테크놀로지로 끌어들였다. 지금 생각해봐도 옳은 선택이었다. 지금 이나가와 씨는 공학 기술자로서 뿐만 아니라 젊은 엔지니어를 통솔하며 인망을 얻고 있다. 그가 없었더라면 인터스텔라테크놀로지가 쉽게 성공 가도를 달리지는 못했을 것이다.

그 염원을 이룬 나는 일본의 소, 와규和牛가 세계 수준의 식재 브랜드가 될 수 있다고 확신했다. 그래서 2016년 와규 전문 레스토랑과 와규 공급 사업을 펼치는 회사 '와규마피아'를 설립했다. 와규마피아는 창업 이래 경이적인 속도로 성장하고 있다. 이는 전적으로 공동창업자 하마다 히사토 씨 덕분이다. 나는 마케팅을 담당하고, 하마다 씨는 경영의 핵심인 토탈 프로듀서로서 해외 전략을 담당했다.

나는 사람과의 유대를 탐한다. '이 사람이다!' 싶은 인물을 만나면 "함께 일하지 않겠나?" 혹은 "함께 해보지 않겠는가?" 하고 어떻게든 설득한다. 사람을 끌어들이는 습관이다. 물론 끌어들여 일이 잘될 때가 있는가 하면 그렇지 않을 때도 있다. 문전박대당하는 일도 있다. 끌어들인 결과 나중에 관계가 껄끄러워지는 일도 당연히 있다. 모든 일이 다 잘될 수는 없다.

이런 말을 하면 당신은 멈칫할지도 모른다. 인간관계에서 소란을 일으키고 싶지 않다며 뒷걸음칠지도 모른다. 괜히 긁어 부스럼을 만드는 게 아닌가 할지도 모른다. 하지만 모두에게 호감을 얻으려는 사람은 진정한 신뢰를 주고받기 어려운 사람일지도 모른다. 자신에게 솔직하게 살아가는 한, 뜻이 맞지 않는 상대는 반드시 있기 때문이다. 그런 상대에게도 호감을 얻으려 한다? 굳이 그렇게 해야 할 필요가 있겠는가.

멈칫하기보다는 가능성에 눈을 돌리자. 앞서 말한 수의 논리다. 행동은 많이 일으킬수록 좋다. 당신의 능력을 최대화하는 것은 바로 타인의 힘이다. 지금 눈앞의 그 사람은 당신에게 없는 힘을 갖고 있다.

POINT

놀라운 성과는 개인이 아니라 함께 하는 힘에서 나온다. "함께 해보지 않겠는가?"라고 제안하고 유대를 쌓자. 당신의 가능성이 한층 커질 것이다.

좋은 잠 없이는 좋은 미래도 없다

게임에 푹 빠진 나머지, 혹은 마감 기일에 쫓긴 나머지 밤을 꼬박 새우고 아침을 맞았던 그런 경험이 있지 않은가. 밤샘 후 컨디션은 어땠는가? 최악이지 않았을까.

"전혀, 그렇지 않다. 철야 작업으로 일을 끝내니 날아갈 것 같다"라고 큰소리치는 사람도 있겠지만, 그것은 스스로 멍청함을 널리 광고하는 것에 지나지 않는다. 수면 부족은 당신에게서 집중력, 지력, 체력을 송두리째 앗아간다. 그런 습관에 좋은 미래는 따라오지 않는다.

행동을 일으켜 끝까지 해내는 것은 의지와 관계없다고 여러 차례 이야기했다. 행동이란, 오늘 내일에 국한된 이야기가 아니다. 1년, 2년, 5년, 10년 동안 계속 반복되어야 한다. 내일이 없는 것처럼 모든 걸 쏟아부으면 결국 일어설 수 없는 한계 지점에 다다르게 된다. 열심인 것은 좋지만, 열심히 하는 방법을 모르면 안 된다.

'수면 부채'라는 말을 들어본 적이 있는가. 스탠퍼드대학 수면생체리듬연구소 초대 소장인 윌리엄 디멘트 교수가 제창한 개념이다. 만성적인 수면 부족이 누적되면 본인도 깨닫지 못하는 새 뇌를 비롯한 몸의 다양한 기능에 쇠퇴가 일어난다는 것이다. 물론 과학적으로도 증명된 이야기이다. 좋은 잠은 당신이 매일매일을 충실하게 보내기 위해 반드시 전제되어야 할 중요한 습관이다.

한마디로 '좋은 잠'이라고 하지만, 수면에는 개인차가 따르기 마련이다. 무조건 많이 잔다고 좋은 것은 아니다. 스탠퍼드대학의 연구에 따른 '좋은 잠'의 기준은 네 가지이고, 이 네 가지를 모두 충족해야 좋은 잠이라 할 수 있다.

- 취침 후 30분 이내 잠들 것

- 밤중에 눈뜨는 것은 1회 이내

- 자다가 깼다면 20분 이내에 다시 잠들 것

- 수면시간의 85%는 이불 속에서 있을 것(낮잠 가수면은 15% 이내)

나는 아침부터 밤까지 일정이 꽉 차 있지만 평균 7, 8시간, 아무리 적어도 6시간은 자려고 노력한다. 스케줄이 빽빽할 때는 어쩔 수 없이 6시간밖에 자지 못할 때가 있는데, 그때는 두뇌의 사고력, CPU 기능이 확 떨어지는 게 체감된다.

그때의 나는 멍하기 그지없다. 사고력과 판단력이 제대로 작동하지 않기 때문이다. 딱 하룻밤을 제대로 자지 못했을 뿐인데 그 모양이다. 이것이 누적되어, 수면 부채에 빠진 끝에 모든 능력이 돌이킬 수 없이 떨어지는 사태야말로 현실의 악몽 그 자체다.

사람은 렘수면(얕은 잠)과 논렘수면(깊은 잠)을 1, 2시간의 사이클로 반복한다. 논렘수면 중에 단기기억이 정리되어 렘수면 중에 장기기억으로 정착한다. 요컨대 푹 자지 않으면 사고력이나 판단력이 기능하지 않음은 물론이고 아무것도 몸에 배지 않는다. 그래서 나는 수면에 무척이나 민감한 편이다.

당신은 어떤가. 하루 3시간만 자도 충분하다는 사람도 있을지 모른다. 사실 정말로 하루 3시간만 자도 전혀 일상에 지장이 없는, '숏 슬리퍼'도 세상에 존재하기는 한다. 하지만 전 세계를 통틀어 거의 한 줌 정도랄까.

그러니 일반적인 경우라면 하루 3시간 수면으로 충분하다는 발상은 위험하다. 뇌와 몸 기능이 쇠퇴하고 만 상태를 자신의 본래 상태라고 착각하고 있을 가능성도 작지 않다. 내가 아는 한 일을 잘하는 인물은 모두 맘껏 신나게 노는 만큼, 잠도 푹 잘 잔다.

애초에 밤을 새우고 일을 한다는 자체가 넌센스다. 그런 마력을 보일 정도라면 그 일을 효율적으로 처리하기 위한 연구에 힘써야 한다. 아무리 연구해도 끝나지 않는다면 그 일은 정말로 그날 중에 끝내야만 하는 일인지 잘 생각하기를 바란다. 아마 그런 일은 없을 것이다.

하늘이 무너져도 그날 중에 끝내야 할 일이란 지극히 드문

법이다. 심지어 업계의 톱 인재라도 그럴 것이다. 일을 너무 심각하고 무겁게 대하지 말자. 그래야만 다음 행동을 일으킬 수 있다.

POINT

좋은 잠은 컨디션 관리의 시작이다. 좋은 잠의 가치를 너무 대수롭지 않게 여기고 있지는 않은가. 충분히 잠을 자고 효율적으로 일을 하라.

"우리는 우리가 반복하는 행동으로 정의된다.
그러므로 탁월함은 행동이 아니라 습관이다."

- 아리스토텔레스 -

2장

아이디어를
손에 넣기 위한
습관

창의적인 아이디어를 짜내느라
머리를 골똘히 굴리고 있지 않은가.
전에 없던 새로운 아이디어여야 한다는
강박에 사로잡혀 있지 않은가.
아이디어는 어렵거나 복잡한 것이 아니다.
주변의 모든 것에서
아이디어를 포착할 수 있다.

아이디어의 비결은
독창성에서 벗어나는 것

코로나 팬데믹 이후 '뉴노멀'이라는 말이 한때 유행했다. 라이프스타일이나 비즈니스와 같은 사회 구조, 사회양식의 새로운 표준을 가리키는 말이지만, 이런 말은 사실 최근에 나오기 시작한 말이 아니다. 그때까지의 상식이 새로운 상식으로 대체된다… 역사는 이런 대체의 반복이었고, 21세기에 들어 고도의 디지털 사회를 맞이한 지금은 오히려 이전에 뉴노멀이라 부르던 것들이 노멀로 자리 잡은 시대이다.

비즈니스에서도 라이프스타일에서도 온갖 가치가 부상했다가 다시 가라앉고, 때론 융합하면서 눈이 핑핑 돌 만큼 자유자재로 변화한다. 그것이 앞으로 우리가 살아가야 할 세계다.

연 수입이 얼마라느니 출세가 어떻다느니 정부 지원금이 어떻다느니 그런 쪼잔한 말을 하려는 게 아니다. 나도 당신도 앞으로 본질적인 삶의 방식에 대해 계속해서 질문해야 한다. 그 어느 때보다 자기다움이 중요해진 시대인 것이다. 어떻게 자기답게 살아가고 일할 것인가. 어떻게든 그 질문을 곱씹어야 한다. 당신의 살아가는 힘, 일하는 힘을 최대화하는 데 열쇠가 되는 것이 아이디어다. 당신은 당신의 아이디어 하나면 된다. 그것 하나면 어떻게든 된다.

지금은 조금 가라앉았지만, 한때 세간에서는 NFT가 엄청난 주목을 받았다. 트위터 전 CEO 잭 도시가 2006년 3월에 올린 자신의 트위터 첫 게시물을 NFT화하여 옥션 사이트에 출품했고, 그 작품이 291만 달러에 낙찰되었다. 세계는 경악을 금치 못했다. 잭 도시의 그것은 말하자면 그냥, 그냥 스크린샷 한 장이다. 컴퓨터나 스마트폰에서 찍는 스크린샷 한 장 말이다.

그냥 스크린샷 한 장에 291만 달러라는 가치 평가가 달리리라고는 그 이전만 해도 아무도 상상하지 못했다. 잭 도시뿐 아니라 누구든 NFT로 도트 그림 등의 아트, 비디오 게임 아이템, 음악이나 동영상 데이터 등을 디지털 공간에서 누구든 뭐든 자유롭게 사고팔 수 있게 되었다.

NFT가 새로운 미래의 경제적 동력원이 될 거라는 전망은 벌써 제대로 빗나갔다. 유행이 지나도 이렇게 빨리 지날 수가 없고, NFT가 다시 살아날 가능성은 그리 크지 않아 보인다. 하지만 이야기의 핵심은 NFT의 성공 여부가 아니다. 뉴노멀이니 NFT니 하는 건 아무래도 좋다. 그런 지엽적인 이슈는 하나도 중요하지 않다. 내가 지금 전하고 싶은 것은 간단하다. 결국 작은 아이디어만 있으면 된다는 것이다.

당신은 자유롭게 살아갈 수 있다. 컴퓨터 한 대, 아니 스마트폰 한 대만 있으면 그 아이디어를 즉석에서 행동에 옮길 수 있다. 이를테면 NFT가 그러했듯이 아이디어 자체가 바로 돈이 되기도 한다는 뜻이다. 우리는 생각이 곧 현실이 되는, 놀라운 시대를 살고 있다.

무릎을 탁하고 칠 만한 아이디어는 어떻게 짜낼 수 있을까? 애초에 아이디어를 손에 넣을 노하우 같은 게 있기는 한 걸까? 있다. 아이디어를 손에 넣는 확실한 노하우가 있다. 그것은 의외로 간단할지도 모른다. 바로 독창성을 좇지 않는 것. 그것이 가장 중요하다.

아이디어라고 하면 사람들은 참신한 것, 기발한 것, 지금까지 없던 것을 생각하기 쉽다. 하지만 아이디어는 참신할 필요도 독창적일 필요도 없다. 뭐랄까, 애초에 그건 무리다. 나를 비롯한 우리 대부분은 천재가 아니다. 설혹 천재라 하더라도 온전히 독창적일 수는 없지 않을까 싶다.

만일 당신이 전혀 새로운 아이디어를 생각해냈다고 하자. 그러나 그것은 착각과 무지의 산물에 지나지 않는다. 당신이 생각해낼 정도의 아이디어는 이미 과거에 혹은 지금 세상 어딘가에서 누군가도 생각하고 있다. 따라서 독창성을 좇아봤자 크게 의미가 없다. 독창성을 고집하며 머리를 싸매는 시간이 아깝다. 중요한 것은 독창성이 아닌 실현 가능성이다.

당신 주위를 잘 둘러보자. 당신 취향으로 이미 성공한 롤모델이 있을 것이다. 그 사람을 일단 따라해본다. 물론 따라 하려면 말할 것도 없이 항상 안테나를 높이 세우는 습관을 들여야 한다. 따라 하고, 배우고, 행동하고, 실패하고, 재창조하여 다시 도전한다. 그렇게 시행착오를 겪는 과정에서 어떻게든 당신만의 색깔이 나오게 마련이다. 그 색깔이 말하자면, 당신 고유의 아이디어다. 당신이 당신답게 일하고 살아가기 위한 실용적인 아이디어다.

POINT

작은 아이디어가 엄청난 성과로 이어질 수 있다. 중요한 것은 독창성이 아니고 실현 가능성이다. 그리고 아이디어를 손에 넣는 노하우가 있다.

새로움이란 이미 있는 것들의 곱 연산

어떤 아이디어가 아무리 새롭게 보이더라도 무에서 생겨나지는 않는다. 문학이나 과학 영역 역시 다르지 않다. 아이디어는 사고다. 그리고 사고는 언어다. 아이디어는 언어화해야 비로소 구체적인 윤곽이 드러난다. 그렇다면 언어란 무엇일까. 언어란 선인들이 쌓아 올린 체계다. 설령 그 말이 아무리 참신하다고 해도 레퍼런스는 있다. 소재의 원천도 있다. 요컨대 그 말은 과거의 체계를 오리고 붙여서 재구축한 다른 관점의 체계에 지나지 않는다. 마치 패치워크 같은 것이다.

비즈니스 세계에서는 그런 경향이 더 짙다. 다시금 이야기한다. 비즈니스 세계에서 아이디어는 독창성이 아니라 실현 가능성을 의미한다. 독창성이라는 환상에 매몰되면 샛길로 빠지고 만다. 다시 말해 당신이 좇아야 할 것은 나 홀로만의 독창성이 아니다. 거인의 어깨에 올라서거나, 탁월한 이의 등을 보고 쫓아가면 된다. 당신 취향의 분야에서 활약하는 그 누군가의 노하우를 벤치마크하고 축적한다. 그것마저 어렵다면 똑같이 카피해도 괜찮다.

완전한 카피는 아이디어라고 부를 수 없다? 정말 그럴까? 당신은 수많은 비즈니스 노하우 중에 그것을 선택했고 선택하려는 의지를 보였다. 그 의지를 아이디어라고 부르지 뭐라고 부르겠는가. 아이디어는 어디까지나 수단이지 목적이 아니다. 그렇다면 딱 맞는 게 있는데 굳이 눈을 감고 지나칠 필요가 있을까.

모방은 창피한 일이라고 믿는 무지를 버려야 한다. 비즈니스란 이미 존재하는 것들의 업그레이드 혹은 곱 연산을 추구하는 것이다. 이를테면, 페이스북의 성공은 그것을 나타내는 알기 쉬운 사례다.

마크 저커버그가 이끄는 '메타'는 페이스북과 그 이후 인수한 인스타그램을 필두로 SNS 세계에서 단연코 압도적인 점유율을 자랑한다. 하지만 페이스북 이전에도 SNS는 많이 있었다. 페이스북은 2006년이라는 꽤 늦은 시기에 서비스를 정식으로 출시했다. 그때만 해도 이미 세계적으로는 구글이 제공하는 '오르컷'이라는 SNS 서비스가 있었고, 일본에서만 해도 '그리'와 '믹시'가 서비스되고 있었다. 그것들과 비교하면 페이스북은 꽤 후발주자인 셈이다.

페이스북의 최대 발명이라 일컫는 것이 사용자의 실명 등록 시스템과 '좋아요' 기능인데, 이 실명 등록 시스템도 거슬러 올라가면 저커버그가 대학생 시절 같은 대학에 다녔던 윙클보스 형제가 고안한 것이라고 한다.

'좋아요'도 그렇다. 소재의 원천은 언제나 존재하는 법이다. 기존에 있던 블로그의 댓글 기능이 그것이다. '좋아요'는 잠깐만 생각해봐도 댓글 기능의 변형임을 알 수 있다. 또한, 애초에 '좋아요'와 유사한 기능은 이미 다른 SNS에 많이 탑재되어 있기도 했다. 믹시의 '발자국' 기능만 해도 그중에 하나다.

페이스북이 다른 데서 따라 한 아이디어는 그것만이 아니다. 너무 많아 일일이 다루기도 어렵지만, 실명 등록 시스템이나 '좋아요' 외에도 많다. 따라서 사실상 페이스북만의 독창적이고 획기적인 기술은 사실상 없다고 보는 편이 맞다. 그 대신 타사의 아이디어와 서비스를 철저히 추적하고 따라 했다. 정말 주목해야 하는 부분은 예사롭지 않은 그 실행력과 속도감이다. 그런 식으로 선인들의 아이디어에 차례차례 발을 얹고 새로이 재조립해 최적화한 결과로 오늘의 페이스북에 이른 것이다.

2021년 10월에 사명을 메타로 바꾼 페이스북은 사용자가 '아바타'를 사용하여 교류할 수 있는 디지털 가상공간 즉 메타버스 구축에 본격적으로 박차를 가할 것을 표명했다. 메타뿐만 아니라 오늘날 어느 정도 규모가 있는 기업은 너나 할 것 없이 메타버스를 구축하는 데 온 힘을 쏟고 있다. 새로운 미래 구축을 향해 야심을 불태운 저커버그는 분명 그곳에서도 다른 아이디어를 변형하고 축적해갈 것이다.

나는 세간에서 혁신가라고 평가받는 일이 많다. 좋든 싫든 새로운 일을 하는 인물이라고 인식하는 듯하다. 하지만 내 스스로 내가 하는 일들을 평가해보자면 전혀 새로울 건 없다는 게 솔직한 마음이다. 제로 베이스에서 독창적이라거나 획기적으로 일으킨 비즈니스는 하나도 없었다. 선행한 기존의 아이디어를 모으고 분석한 뒤 내 방식대로 변형하고 조합했을 뿐이다. 심지어 가장 독창적이라 불리는 항공우주 사업 역시 일본 내 벤처기업으로서는 새롭고 희귀했을지 몰라도, 글로벌 차원에서 본다면 우리보다 거대한 자본을 갖춘 기업이 일찍부터 시장을 개척하고 있었다.

저커버그처럼 아이디어를 새롭게 변형하라고 당신을 부추길 요량은 없다. 그러지 않아도 당신을 위한 아이디어는 주변에 널려 있다. 오히려 주변에 널려 있기에 가치가 있다는 사실을 깨닫기 바란다.

POINT

무에서 시작해 독창적으로 성공한 비즈니스란 존재하지 않는다. 있는 것을 분석하고 재결합하여 새로운 아이디어를 실체화시켜라.

소유욕을 누른다 감성을 높인다

물리학자 뉴턴은 어느 날 정원에 앉아 멍하니 있다가, 문득 사과나무에서 사과 열매가 떨어지는 광경을 보고 만유인력의 착상을 떠올렸다고 한다. 이 일화의 진위 여부는 확인하기 어렵지만 일화 자체의 유명세야 말할 것도 없다. 이 일화가 사실이라면 아마도 뉴턴은 종일 턱을 괴고 멍하니 사과나무를 올려다보곤 하지 않았을까.

베토벤에게는 산책이 일과였다는 일화도 유명하다. 연필과 오선지를 주머니에 넣고 빈의 숲속을 걷는다. 걷다가 불쑥 악상이 떠오르면 곧바로 연필로 오선지에 옮겼다는 것이다. 베토벤은 실제로 매일 낮 3, 4시간을 산책에 할애했다고 한다. 즉 오후는 별다른 일이 없을 때면 항상 산책으로 시작해 산책으로 끝났던 셈이다. 베토벤은 책상에 앉으면 좀처럼 악상이 떠오르지 않았던 모양이다. 성과물만 보더라도 베토벤은 산책하기 좋은 따뜻한 계절에 곡을 많이 써냈다. 과연 대가인 만큼 뭔가 달라도 확실히 다르다.

뉴턴도 베토벤도 분야를 막론하고 천재 중의 천재로 정평이 난 사람들이다. 이런 사람들과 평범한 사람들을 동일시하면 곤란한 지점이 있다. 이를테면 나의 경우만 해도 공원 벤치에서 멍하니 있어봤자 아무런 발상이 떠오르지 않는다. 발상은커녕 주위로부터 수상한 사람 취급만 당하지 않아도 다행이겠다. 매일 몇 시간씩 산책하면 하반신은 단련될지 몰라도 일은 틀림없이 소홀해진다.

어느 날 갑자기 계시라도 받은 양 떠오른 아이디어, 그런 유일무이한 아이디어는 선택받은 지극히 일부 사람을 제외하고는 그리 상관없는 이야기일 것이다. 하지만 이 말만은 분명하게 할 수 있다. 아이디어는 준비된 자의 마음에 내려앉는 법이다. 뉴턴이나 베토벤 같은 천재든, 호리에 다카후미 같은 범인이든 그것만큼은 똑같다.

뉴턴도 베토벤도 머릿속을 들여다 보면 항상 자신의 흥밋거리와 관심거리로 꽉 차 있었을 것이다. 왜 물체는 떨어질까? 어떤 악상이 사람의 마음을 울릴까? 항상 자신이 몰두하는 방향으로 안테나를 세우고 있어 방해되는 잡음이 들어올 여지가 없었을 것이다. 그래서 순식간에 번뜩인 아이디어를 잡아챌 수 있지 않았을까.

당신은 어떤가. 시간, 체력, 돈, 그런 한정된 자원을 투입해야 할 방향으로 투입하고 있는가. 안테나는 확실하게 세우고 있는가. 성가신 잡음은 없는가. 우리 주변에는 물건이 넘쳐난다. 세상은 항상 우리의 소유욕을 자극한다. 인기 유튜버는 자신의 채널에 신상품의 언박싱 영상을 공개하며 구독자의 눈길을 사로잡는다.

인터넷으로 쇼핑이라도 할 때면 계속해서 이런저런 추천 상품이 뜨고, 수시로 타임세일이니 특가세일이니 뭐니 갖가지 할인의 핑곗거리를 갖다 붙이며 구매를 부추긴다. 뜻하지 않게 버튼을 누른 뒤에야 정신이 돌아온다. 하지만 그 물건이 당신에게 정말로 필요할까. 그 피규어는, 그 액세서리는, 그 만년필은, 그 시계는 당신이 살아가는 데 꼭 필요한 물건일까? 단순히 소유욕에 휩쓸린 게 아닐까.

소유욕이야말로 눈을 멀게 하는 최고의 잡음이다. 나는 그렇게 생각한다. 방심했다가는 물건에 얽매여 시간과 돈만 낭비할 뿐이다. 당신의 옷장 안에는 벌써 몇 년째 한 번도 걸치지 않은 옷이 있지 않은가. 방구석에서 먼지를 뒤집어쓴 잡화나 기념품도 있을 것이다. 만일 그렇다면 과감하게 버리자. 그거야말로 필요 없는 물건이니까.

나도 한창일 때는 남에게 지지 않을 만큼 소유욕이 강했다. 온갖 물건을 잔뜩 가지고 있었다. 그러다가 어느 순간 깨달았다. 소유욕은 사고의 밀도를 앗아간다. 저게 좋다 이게 좋다고 하며 여기저기 눈길을 빼앗기는 사이 중요한 정보로의 접근이 부실해졌다.

그때부터 나는 계속해서 물건을 버리는 연습을 시작했다. 그결과, 지금 나의 소지품은 전부 합해도 슈트케이스 하나로 수

습될 정도다. 물건을 버리면 정보에 대한 감각이 높아진다. 자신에게 무엇이 중요한지가 한층 명료해진다. 당신도 이 감각을 꼭 맛보기 바란다. 아이디어는 준비된 자의 마음에 저절로 내려앉는다.

POINT

아이디어는 준비된 자의 마음에 내려앉는 법이다. 중요한 순간을 대비하기 위해 정말로 필요하지 않은 욕망은 마음에서 덜어내어 둔다.

정보는 아웃풋이 인풋을 겸하기도 한다

아이디어는 이미 있는 것들의 곱 연산이라고 말했다. 곱 연산 패턴은 당연히 많은 게 좋다. 많으면 많을수록 좋다. 소재는 당신 손안에 있다. 스마트폰 안에 있다. 시간이 허락하는 한 스마트폰을 보자. 곁에 두고 잠시도 손에서 떨어뜨리지 않는다.

새삼 말할 필요도 없이 스마트폰은 만능 정보 탐색기이다. 비즈니스, 문화, 사건 사고, 최신 트랜드는 전부 스마트폰으로 접근할 수 있다. 물론 트랜드만이 아닌 스토리나 맥락도 얼마든지 스마트폰으로 짜 맞출 수 있다. 주변에 핀 화초를 촬영하여 검색하면 바로 이름이나 생태를 확인할 수 있다. 구글 맵을 켜면 세계의 모든 도시를 랜선 여행할 수 있다. SNS로 전 세계 사람들과 이어질 수 있다.

나의 지인에게 초등학생 아들이 있는데, 그 아들은 스마트폰 축구 게임을 통해 해외 유명 클럽에서 왕성하게 활동하는 현역 일본 선수와 친해졌다고 한다. 그 축구 선수와는 어떤 인연도 연고도 면식도 없었지만, 지금은 온라인 게임상에서 서로 별명을 부르는 사이라고 한다.

스마트폰은 당신에게 모든 정보를 가져다준다. 그렇지만 꼭 곁에 둬야 할 희소가치가 있는 정보란 존재하지 않는다. 그 이유는 여러 차례 말한 바와 같다. 희소성은 필요 없다. 희소성을 좇아봤자 아무런 의미가 없다. 당신에게 필요한 것은 소재의 수다. 곱 연산의 베리에이션이다.

나는 아마 보통 사람들보다는 확실히 많은 정보를 접할 것이다. 그 점은 자부한다. 그렇다고 누군가와 은밀하게 정보를 교환한다는 의미는 아니다. 나의 정보원은 당신과 똑같이 스마트폰이 전부다.

당신은 회의 중에 스마트폰을 보는가. 나는 본다. 대담 중에도 보고 데이트 중에도 본다. 매일 누구보다도 스마트폰을 많이 본다는 말은, 그런 의미다.

나라고 해서 스마트폰으로 유별나거나 대단한 무언가를 하지는 않는다. 대단한 것이라고 할 만한 게 없다. 업무를 처리하는 이외에는 보통 뉴스를 보고 나머지는 트위터나 인스타그램, 페이스북을 훑어보는 정도다. 그것이 나에게는 정보 수집이다. 이 점 역시 당신과 같다.

단, 이때 두 가지에 유념하며 정보를 수집한다. 일단, 흥미를 끈 화제를 만나면 반드시 아웃풋을 낸다. 즉 SNS에서 댓글을 단다. 손가락을 움직이는 수고만으로도 기억으로 남기기 쉬워진다. 아웃풋은 인풋을 겸한다. 게다가 그렇게 아웃풋을 하면 같은 관심사를 가진 사람들과의 접점이 점점 넓어진다. 하지 않을 이유가 없다.

또 하나는, 장르에 장벽을 두지 않는다. 나의 관심사나 흥밋거리와 조금이라도 연관이 있는 정보는 말한 것도 없다. 정말 중요한 것은 낯선 장르의 화제여도 여유가 있다면 적극적으로 훑어보는 것이다. 이 정도의 습관만 들여도 때론 생각지도 않은 아이디어가 번뜩이곤 한다.

번뜩임만이 아니다. '에코체임버Echo chamber', 반향실 효과라는 점에서도 의미가 있다. 에코체임버란 특정 의견이나 사고가 폐쇄적으로 편중되는 현상을 말한다. 익숙한 화제만 접하다 보면 시야가 좁아진다. 그것을 막기 위해서도 의식적으로 장르를 뛰어넘는 습관을 들인다.

스마트폰을 장시간 사용하면 우울증이 유발된다거나, 스마트폰이 눈앞에 놓여 있는 것만으로 학습 효과가 떨어진다거나 하는 다양한 부정적인 지적이 있지만, 어느 것도 과학적인 근거는 뒷받침되지 않았다. 스마트폰 자체에 문제가 있는 것이 아니라 스마트폰에 빠져 수면시간이 줄어든 결과, 수면 부족이 우울증이나 학력 저하를 초래한다는 지적도 있다. 이 모든 지적이 맞는 말일지도 모른다.

하지만, 내 입장을 말하자면, 내게는 이런 논쟁 자체가 무의미하고 여겨진다. 스마트폰은 단순한 도구다. 도구의 사용법은 간단하다. 목적의식이 있으면 적절히 사용하여 처리할 수 있을 테고, 목적의식이 없다면 당신을 좀먹는 허드레 물건에 불과하다. 이는 스마트폰에 한정된 이야기가 아니다. 유용한 아이디어는 스마트폰을 비롯해 당신이 접하기 어렵지 않은 곳에 있다.

젖소가 물을 마시면 우유를 만들고, 독사가 물을 마시면 독을 만든다. 당신은 스마트폰을 들고 무엇을 하는가. 모든 것은 당신 하기에 달렸다.

POINT

최고의 정보원은 다름 아닌 스마트폰이다. 스마트폰을 철저히 도구로 쓰라. 중요한 정보에는 자기만의 주석을 달아 다시금 기억에 새겨보라.

먹고 마시고 노는 것은 아이디어의 원천

애초에 당신이 아이디어를 필요로 하는 이유, 당신이 시행착오를 겪으며 일하는 이유는 한 가지밖에 없다. 즐기기 위해서다. 매일매일 충실하고 즐겁게, 주위에 곤란한 사람이 있으면 나름 도움을 줘가며 그렇게 일상을 즐거움으로 채워 가기 위해서다. 물론 살아가다 보면 갈등이나 부조리한 일들은 있게 마련이지만, 그런 만큼 더 즐겁게 살아가야 한다.

일이 잘되는 사람은 모두 즐겁게 잘 논다. 적어도 내 주위를 보면 그렇다. 일부러 시간을 내어 바다, 산, 스키장에서 맘껏 몸을 움직인다. 밤거리로 나가 친구와 함께 먹고 마시고 노래한다. 그렇게 즐겁게 살아가니 일도 잘된다.

일이 잘되니 즐거운 게 아니냐고 생각할 수도 있을 것이다. 그런 생각은 반은 맞고 반은 틀렸다. 즐겁게 살아가니까 일이 잘되는 것이다. 놀랍게도 여기에는 확실한 인과관계가 성립한다. 일에서 활용할 수 있는 아이디어가 다름 아니라, 놀이를 통해 굴러들어오기 때문이다.

당신에게 유용한 아이디어, 즉 유용한 성공 사례와 노하우를 포착하려면 정보를 습득하는 안테나를 높이 세우는 습관을 들여야 한다. 안테나를 높이 세우고 계속해서 인터넷과 책의 바다를 항해해야 한다. 항상 인터넷과 책을 가까이하는 상태를 유지해야 한다.

다만 인터넷과 책을 볼 때는 어디까지나 당신의 사고라는, 한정된 필터를 거칠 수밖에 없다. 무엇을 볼지 어디를 읽을지 다가가기도 전에 무의식적으로 선별하는 과정이 작용한다. 물론 그것은 그것대로 좋다. 그것 또한 당신의 개성이다. 끝까지 하기를 바란다.

한편, 신체적인 접근도 놓칠 수 없다. 사람과의 만남이다. 당신은 거기에서 생각지 못한 형태로 귀가 솔깃해질 정보나 아이디어를 손에 넣을 수 있다. 사람과 만난다고 하여 많은 약속을 잡고 몸단장을 하고 명함을 교환하는 일 같은 건 하지 않아도 된다. 그런 딱딱한 상대를 만날 필요는 없다. 당신에게 아이디어를 가져다주는 사람은 함께 즐겁게 먹고 마시고 이야기할 수 있는 사람이다.

그렇다면 속마음을 터놓는 상사나 동료 혹은 유년기를 함께 보낸 동네 친구들, 그도 아니라면 대학 시절 동아리 멤버일까? 그렇지도 않다. 솔직히 편한 건 사실이지만 그것뿐이다. 문제의 근본적인 돌파구는 되지 못한다. 당신과 다른 시선, 당신과 다른 비즈니스에 관해 이야기할 수 있는 상대와 함께 시간을 보내야 한다. 그렇게 잘 맞는 상대와 마음이 가는 대로 이야기하다 보면 어떤 계기로 번뜩이는 아이디어가 떠오른다. 생각지도 못한 아이디어가 굴러들어 온다.

정신없이 수다의 꽃을 피우는 중에 어느새 이야기는 연애 상담으로 흘러가고 당신의 연애 고민에 상대가 툭 던진 한마디가 훅 와서 꽂힌 그런 경험은 없는가. 그것과 마찬가지다. 이야기

상대가 당신의 맹점을 확실하게 짚어준다. 나의 경험으로 본다면, 비즈니스의 다양한 기회는 사실 그런 사소한 잡담에서 생겨날 때가 많았다.

사람과 만나는 습관, 즐겁게 먹고 마시는 습관도 아이디어를 손에 넣기 위한 중요한 노하우다. 그러니 조금이라도 재미있어 보이는 자리에는 얼굴을 내밀자. 억지로 무리하여 술을 마실 필요는 없다. 그 자리에 함께하는 데 의의가 있다. 실제로 얼굴을 내밀어 봤는데 시시하다면 두 번 다시 안 가면 그만이다.

최근에는 그런 자리를 꺼리는 사람이 늘고 있는 것처럼 보이는데, 사실 코로나 이전에도 그랬다. 술자리는 돈, 시간, 체력을 소비할 뿐 생산적이지 않다는 사고방식이다. 그런 사고방식 자체가 이미 고루하다. 우리는 즐기기 위해 살아간다. 매일매일 즐기고 주위에 곤란한 사람이 있으면 나름 도움을 준다. 그렇게 일상을 즐거움으로 채워가는 것 이외에 무엇이 더 필요할까.

자극을 주는 사람과 만나 노는 것보다 재미있는 일은 드물다. 그 결과로 당신은 무언가를 손에 넣을 수도 넣지 못할 수도 있다. 그것은 그것대로 괜찮다. 무언가를 손에 넣는다는 것도 결국 부차적인 일이다. 이 책의 1장에서 말한 '점'을 찍는 습관의 구체적인 예는 이런 것이다. 행동의 수는 많을수록 좋다. 행동하지 않으면 시작도 없다. 즐기지 않으면 아무것도 시작되지 않는다.

POINT

먹고 마시고 놀면서 인생을 즐겨라. 새로운 아이디어는 그곳들에서도 시작된다. 단, 영감을 주는 사람들과 먹고 마시고 놀아야만 한다.

윈윈 정신이 아이디어를 낳는다

젊음은 그 자체만으로도 엄청난 무기이다. 젊은 시절 나도 비슷한 이야기를 손윗사람에게 많이 들었다. 지겨울 만큼 많이 들을 때는 '또 그 소린가' 싶었지만, 이제 와서 돌이켜보니 '정말 그랬구나' 하고 수긍이 간다.

생기발랄한 젊은이가 마음씨까지 곱다면 그 외에 조금 부족한 면이 있어도 대부분 웬만하면 넘어간다. 다시 말해 젊은이가 이런저런 일들이 잘 풀리지 않는다면, 그 원인은 어쩌면 생기가 부족해서 그럴지도 모른다. 그럼 생기란 무엇일까. 스스로 즐길 수 있는 것에 진심으로 몰두하고 있는가, 하는 것이 생기의 원천이다.

나는 젊은 사람과 교류하는 것을 좋아한다. 취미인 골프나 익스트림스포츠를 할 때도 가능한 한 젊은 사람을 멤버에 넣으려 한다. 먹고 마시는 자리는 말할 것도 없다. 그들의 과장이나 겉치레 없는 생생한 정보는 내 아이디어 폭을 넓히는 보고다. 또한, 체력이 넘치는 젊은이들과 함께 몸을 움직이다 보면, 왜인지 평소 이상의 힘을 발휘할 수 있어 신기할 따름이다. 젊음은 당사자뿐만 아니라 주위에도 좋은 영향을 끼친다. 그것이 '젊음이 무기'라는 말의 진짜 의미다. 지위나 실적과는 전혀 상관없는 이야기다.

내가 운영하는 유튜브 채널의 진행을 오랫동안 맡아 온 데라다 유키 씨만 해도 그랬다. 데라다 씨를 알게 된 것은 지금으로부터 10년도 전의 일이다. 당시의 데라다 씨는 대형 연예기획사에서 나와 젊은 프리랜서 연기자로서 막 발을 내디딘 상태였다. 하지만 의욕과 달리 일이 생각처럼 풀리지 않는 듯했다. 그때 내가 "유튜브 진행을 해보지 않겠느냐?"라고 슬며시 제안을 던졌다. 마침 유튜브 채널을 제대로 운영해볼까 하던 타이밍에 데라다 씨가 옆에 있었던 것이다. 그 정도의 가벼운 마음으로 데라다 씨를 기용했다.

당시에 내가 데라다 씨에게서 특별한 재능을 느낀 것은 아니다. 그때까지 몇 차례 이야기할 기회가 있어 인성이 좋은 것은 알고 있었다. 나로서는 그것으로 충분했다. 그런 데라다 씨가 나의 유튜브 채널에 합류한 지 벌써 어언 9년 가까이 된다. 처음에는 대수롭지 않은 인연에 불과했지만, 이제 그녀는 나에게 없어서는 안 될 존재다. 이제 데라다 씨는 온오프라인을 가리지 않고 다방면에 걸쳐 활약 중이다. 배우뿐만 아니라 웹상에서 월 정액제로 운영되는 온라인 살롱을 주관하거나 책을 출간하기도 하며 히트와 이슈를 만들고 있다.

만일 당신이 연장자라면 싹이 보이는 젊은이에게 먼저 다가가 서포트해주라고 권하고 싶다. 서포트라고 하여 대단할 필요는 없다. 밥을 사주거나 곤란한 일이 있을 때 가볍게 도움을 주면 된다. 당신은 상대에게 없는 것을 줄 뿐이다.

그렇게 한다고 반드시 좋은 일이 생길 거라고는 말하지 않겠다. 머릿속으로 계산기를 두드리는 건 재미없지 않은가. 당신은 젊은이에게서 당신에게 없는 활력을, 신선한 기운을 받을 수 있다. 그것만으로도 충분한 보답이 된다.

단, 자랑을 늘어놓거나 설교를 해서는 안 된다. 젊은이는 가뜩이나 연장자인 당신에게 항상 마음을 쓰고 눈치를 보는 중이다. 설령 눈앞의 젊은이가 아주 즐거워하는 것처럼 보여도 어느 정도 부담스러워하는 부분은 없을 수 없다. 상대가 유순하다고 휘두르려고 해서는 안 된다. 미움받는다. 속된 말로 '틀딱'이라 불리기 딱 좋다.

반대로 젊은이인 당신에게는 이렇게 전하고 싶다. 세상에는 인생 경험이 풍부한 '남 돌봐주기 좋아하는 사람'이 당신의 생각보다 확실히, 꽤 많다. 남 돌봐주기 좋아하는 사람과 오지랖이 넓은 사람은 다르다. 오지랖 넓게 자꾸 참견하려는 연장자와는 선을 긋는 편이 이롭다.

보살핌 자체를 즐기는 사람이 있는데, 일이 잘되는 사람에게 의외로 이런 타입이 많다. 당신에게 뭐라도 해주고 싶어 안달 난 사람이니 사양할 필요는 없다. 그런 상대와 만났다면 주저하지 말고 품에 뛰어들어도 좋다. 계속 밥을 얻어먹고 계속 상담을 청한다. 아이디어나 조언뿐만 아니라 다른 곳에 소개도 해줄 수 있다. 나도 예전에 그렇게 손윗사람에게 도움을 받아왔다. 서로에게 득이 되는 호혜적인 관계이다.

POINT

젊은이라면 어른의 완숙한 지혜를, 어른이라면 젊음의 에너지를 거침없이 받아들여야 한다. 서로의 교류는 새로운 아이디어의 원천이 된다.

자원은 몽땅 투입하는 것이
되레 합리적이다

아이디어는 어디까지나 수단이다. 당신의 자아실현을 향한 계기에 지나지 않는다. 그러니까 생각으로만 그쳐서는 그림의 떡밖에 되지 않는다. 뚫어져라고 골똘히 생각해도 소용이 없다. 그 떡이 맛있는지 맛없는지 먹어보지 않으면 아무도 알 수 없다. 오직 행동만 있을 뿐이다.

회사원인 당신이 회사 내에서 자아실현을 하고 싶다면, 답은 간단하다. 몸과 마음을 다해 당신을 위한 기획을 한다. 예상 가능한 반론에는 주도면밀하게 대비한다. 만일 그렇게 했는데 퇴

짜를 맞았다면 다시 점검하여 재도전하면 된다. 행동하는 습관을 들이면 된다. 그래도 안 된다면, 유감스럽게도 그곳은 당신이 있을 자리가 아니다. 그 사실을 알게 된 것만으로도 수확이다. 얼른 이직하자.

당신이 프리랜서거나 혹은 창업을 염두에 두고 있다고 하자. 그렇다면 아이디어를 구현하는 데 얼마만큼 자원을 투입해야 할까. 자원이란 당신의 돈, 시간, 체력, 지식, 경험을 말한다. 그 총합이 100일 때 얼마나 투입해야 할까. 그렇다. 100이다. 전부를 쏟아부어야 한다. 최악의 경우를 피한다는 의미에서 1 정도는 남겨도 괜찮다. 돈에 대한 불안으로 판단력이 흐려질 수도 있을 테니 매일 최소한의 생활비 정도는 비축해둬도 좋다.

사람이 살아가는 데 꼭 필요한 돈이란 사실 그리 큰 금액이아니다. 다달이 고정으로 발생하는 비용은 집세, 식비, 난방비, 전기세, 사회보험료 정도다. 옷은 몇 벌만 있어도 충분하다. 자가용 같은 돈 먹는 하마는 물론 필요 없다. 보험은 돈을 버리는 것이나 다름없다. 보통의 건강보험에만 가입해둬도 고액의 의료비를 지원받을 수 있다.

괜한 물욕으로 사치만 하지 않는다면 생활비는 얼마든지 절약할 수 있다. 그렇게 절약한 돈은 전부 자신에게 투자한다. 첫째도, 둘째도 디바이스에는 집착해야 한다. 고가더라도 최신 스펙의 제품을 소지한다. 당신의 능률과 직결되기 때문이다. 필요한 구독 서비스도 가입해둔다. 그리고 교제비, 이 교제비는 아끼면 기회 손실이 된다. 그런 곳에 돈, 시간, 체력을 있는 대로 전부 투입한다.

오해하지 말길 바란다. 그 정도의 기합과 각오가 필요하다는 말이 아니다. 있는 그대로 이해하면 된다. 있는 대로 전부 투입하는 것이 합리적이기 때문이다. 아이디어는 어디까지나 아이디어다. 아무리 다듬어도 해상도는 조잡하다. 나머지는 행동을 통해 해상도를 높여가는 수밖에 없다.

실패는 성공의 근원이라는 말이 있는데, 이 말은 엄밀하게 말하면 틀렸다. 성공의 프로세스에는 불가피하게 실패가 따를 수밖에 없다. 실패는 한 단계 위로 도약하기 위한 발판 같은 것이다. 해상도가 높아지면 실패의 정체를 알 수 있다. 그렇게 이런저런 실패를 겪으면서 나아가다 보면 일정한 수준에 이르게 된다.

실패는 불가피하다. 그러나 실패로 그때마다 일이 정체된다면 그만큼 비용을 치러야 한다. 돈, 시간, 체력을 허비하게 된다. 자원을 남김없이 투입하는 게 합리적이라는 말은 그런 의미다. 자원을 절약하려면 자원을 아껴서는 안 된다. 매일 최소한의 생활비는 비축해둬야 한다고 최소한의 여지를 뒀지만, 나의 속마음을 솔직하게 밝히자면 그것도 필요 없다고 생각한다. 돈이 궁하면 머리를 숙이고 돈을 빌리면 그만이다.

아이디어를 얼마나 철저하게 펼칠 수 있느냐가 관건이다. 타이밍과 기회가 언제 어떻게 사그라질지 모르니 일단 펼쳐야 한다. 남김없이 행동해야 한다. 언뜻 리스크가 있어 보이지만 그렇지 않다. 이것이 가장 현실적이면서 리스크가 적은 방법이다.

POINT

행동할 때, 뒤를 생각하며 전력을 분산시키는 방식이야말로 비합리적인 투자법이다. 전력투구야말로 가장 합리적이며 효율적인 투자법이다.

"습관은 뇌가 노력을
절약하기 위한 과정이다."

- 찰스 두히그 -

3장

시간 효율을
극대화하기
위한 습관

세상은 원래 불공평하다.
하지만 누구에게나 공평하게 주어지는
단 하나의 자원이 있다. 바로 시간이다.
그러나 대부분 사람은 말없이 흘러가는 시간을
낭비하고 허비한다.
백만장자와 견줄 수 있는 유일한 자원,
당신의 시간은 효율적으로 쓰이고 있는가.

스마트폰으로 자투리 시간을 메운다

시간이 없다! 벌써 이번 주가 다 가고 있다. 마감이 코앞이다… 시간에 쫓겨 한숨을 푹푹 쉬며 일하는 사람이 적지 않을 것이다. 당신은 어떤가.

서점에 가보면 시간 관리법이나 효율화를 주제로 한 경제경영서와 자기계발서가 쫙 깔려 있다. 그럼에도 다달이 그 방면의 신간이 계속해서 나오는 이유는 수요가 있기 때문이다. 좀 더 효율적으로 시간을 관리하고자 하는 일념으로 그런 책을 손에 넣지만, 결국 해결되지 않으니 신간이 계속해서 나오는 그런 현실이다.

　모두가 익히 알고 있듯이 시간을 이길 자원은 없다. 시간은 생명 그 자체다. 어떤 대부호라도 시간을 사거나 되돌릴 수는 없다. 나도 시간 사용의 효율성은 철저하게 관리하고 있다. 시간이 조금만 더 있으면 제대로 일을 마무리할 텐데… 그랬던 경험은 없는가. 오히려 일상다반사일까.

　사실은 더 잘할 수 있었다고 아쉬워하는 것은 번지수가 틀렸다. 시간을 들이면 누구든 얼마든지 잘하는 게 당연하다. 하지만 모든 일에는 기한이 있다. 기한 내의 성과가 당신의 실력이자 당신의 전부다. 그렇다면 '시간이 없다!', '정신이 들고 보니 일이 산더미다'라고 한숨을 내쉬며 죽을힘을 다해 더 나은 성과를 목표로 하는 방법밖에 없을까. 물론 그렇지는 않다. 그런 방법이 한두 번은 유용할지 몰라도 계속 반복해야 한다면 악몽밖에 되지 않는다. 사고가 멈춰버릴 뿐이다.

　이 세상에서 시간만큼 공평한 것은 없다. 어떤 사람에게든 하루는 24시간이다. 시간은 유한하다. 유한하다면, 당신이 해야 할 일은 시간을 허투루 쓰지 않는 것이다. 이름도 거창한 '시간

관리법' 같은 책을 읽을 필요는 없다. 그거야말로 엄청난 시간 낭비 중 하나다. 시간에 쫓기지 않기 위해 당신이 먼저 해야 할 일은 명백하다. 시간 대비 효과를 높인다. 즉 시간의 밀도를 높이는 것 이외에는 없다.

이 시간 대비 효과를 높이기 위한 포인트는 자투리 시간에 있다. 시간이 없다고 툴툴대는 사람은 이 자투리 시간에 대한 인식이 낮기 때문이다. 이동시간, 다음 일정까지의 공백 시간, 약속 상대가 지각하고 있는 시간, 음식을 주문하고 음식이 나오기까지의 시간, 병원에서 진료 대기 시간… 일정과 일정 사이에는 반드시 자투리 시간이 있다. 우리의 일상은 자투리 시간으로 가득하다. 5분, 10분, 15분… 하루에 조각조각 난 그 시간을 합하면 상당하다.

당신은 이런 빈 시간을 문자 그대로 텅 비워 두고 아무것도 하지 않은 채 보내고 있지는 않은가. 앱 게임을 하거나 습관처럼 인터넷 뉴스를 보거나 멍하니 있거나 하지는 않은가. 그렇게 시간을 허비해놓고는 정작 중요한 일을 할 시간이 모자라 일도 놀이도 가족과의 시간도 제대로 보내지 못하는 상황이야말로 코미디가 아닐까.

자투리 시간에 데이트는 할 수 없다. 가족과 함께 보낼 수도 없다. 하지만 일은 할 수 있다. 자투리 시간에 업무를 처리하는 습관을 들여보자. 그러려면 스마트폰이 필수다. 스마트폰을 최대한 활용해야 한다. 요즘 업무는 대부분 스마트폰으로 처리할 수 있다.

처리하기 힘들다고 생각하는 사람이 있다면 스마트폰을 정말 제대로 활용하고 있는지 스스로를 점검해볼 필요가 있다. 고성능의 게임이나 고화질의 영상을 보는 게 아니라, 업무를 처리하는 데 필요한 수준으로서 스마트폰과 컴퓨터는 성능 차이가 없다고 해도 무방하다. 기껏해야 액정 크기 정도의 차이일까. 심지어 컴퓨터보다 휴대폰 앱이 더욱 다양하게 출시되고, 더욱 빠르게 업데이트되고 있다. 문서작성, 동영상 편집, 예산관리, 발주 및 수주 등 뭐든 주머니 속 스마트폰 한 대로 처리가 가능하다.

실제로 나는 이미 오랫동안 컴퓨터를 켜지 않고 있다. 반드시 컴퓨터가 필요한 업무는 스태프가 처리하는 측면도 있지만, 나는 상당히 복잡하게 얽힌 업무도 스마트폰으로 처리한다.

모든 일을 스마트폰으로 처리하는 습관을 들여보자. 매일 컴퓨터와 마주하는 사람은 처음에는 이런 업무 처리방식에 거부감이 들 수도 있겠지만, 그런 것은 익숙함의 문제에 지나지 않는다. 사무실이든 어디든 어떻게든 컴퓨터에 의지하지 않는다. 스마트폰을 당신의 업무 데스크로 활용한다. 그것이 얼마나 가능한가에 따라 시간의 효율성에 생각보다 엄청난 격차가 생기게 된다.

POINT

시간보다 공평하며 귀중한 자원은 없다. 자투리 시간을 방치하고 있지는 않은가. 시간의 밀도를 높이고 자투리 시간을 허투루 쓰지 말라.

업무는 가능한 잘게 쪼개어 처리한다

나는 매일 분 단위 스케줄로 움직인다. 낮 동안은 분 단위로 업무를 처리하고 밤이 되면 마음 맞는 친구들과 먹고 마시고 실컷 논다. 내가 생각하는 이상적인 삶이다. 자투리 시간을 철저하게 이용하여 밤에 놀 시간을 확보하는 것이다.

내가 자투리 시간을 효과적으로 사용하기 위해 유념하는 것은 두 가지다. 하나는 일을 가능한 잘게 쪼개두는 것이다. 만일 동시에 여러 개의 큰일을 떠안고 있다면 어떻게 처리하는가. 중요도 높은 일부터 처리하는가? 아니면 기일이 닥친 일부터 정리하는가? 이를테면 큰돈이 오간다거나 상대가 VIP라거나 하는 건과, 당장 내일 발표해야 하는 강연의 자료를 만드는 건 중에서 어느 쪽을 먼저 처리해야 한다고 생각하는가? 나는 그 어느 쪽도 아니라고 생각한다. 나의 경우엔 우선순위를 매기지 않고 동시에 병행하여 처리할 것이다.

하나의 일을 하나의 덩어리로 다루는 것은 잘못이다. 대신 이일 저일 모두 잘게 쪼개어 취급한다. 잘게 쪼개면 자투리 시간의 정도에 따라 그때그때 맞는 업무를 처리할 수 있다. 모든 자투리 시간을 남김없이 사용할 수 있다. 그런데 하나의 일에만 매달리면 다양성이 부족해지는 만큼 그런 융통성이 통하지 않게 될 여지가 커질 수밖에 없다.

나의 경우, 책의 원고 체크는 정말 여유 시간이 없는 한 장별로 처리해간다. 출간 이벤트를 위한 선행 작업 등도 이런저런 고민을 하기 전에, 바로 손댈 수 있는 눈앞의 일부터 그때그때 스태프에게 지시한다.

하나의 일을 단번에 정리하려고 하면 어차피 다른 일이 압박받는다. 압박받은 결과가 '이제 마감까지 시간이 없다'라는 사태를 초래한다. 나는 여러 가지 일을 자잘하게 진행하기 때문에 마감이 촉박하여 허둥지둥하는 일 자체가 아예 존재하지 않는다.

일에 있어서는 시간에 쫓기지 않으면서 능률을 최대화하는 것이 무엇보다 중요하다. 안건의 중요도가 얼마나 높은지, 이 일이 얼마나 급하지 등 우선순위는 생각보다 별로 중요하지 않다. 어찌 됐건 마감까지 확실하게 해내면 그만이지 않은가. 여러 가지 일을 동시에 진행한다. 요컨대 멀티태스킹이다.

멀티태스킹이라고 하면 바로 쓴웃음을 짓는 사람이 있을지도 모른다. 이 일을 하다가 저 일을 하고, 또 저 일을 하다가 이 일을 한다… 그렇게 정신없이 일하는 게 말이 되냐, 머리가 혼란스러워진다는 게 요지일 것이다. 하지만 정말 냉철하게 생각해보자. 내가 하는 일이 정말 그렇게 어렵고 복잡한 일일까. 잠깐 흐름이 끊어지는 것만으로 머리가 혼란스러울 만큼 창의적이거나 복잡하거나 어려운 일은 그렇게 많지 않다.

아티스트나 예술가라면 경우가 다를 수 있겠지만 그 외에는 그럴 일이 없거나, 있다 하더라도 무척 드물다. 일반적인 사무직의 일이란 노력을 하면 대부분이 해낼 수 있도록 설정되어 있다. 그렇지 않으면 회사가 제구실하며 돌아갈 수 없지 않겠는가. 그래도 난도가 높다고 느낀다면 그 원인은 분명 일 자체에 있는 게 아닐 것이다. 일 자체가 아니라, 일을 둘러싼 상황을 극복하려 고군분투하고 있을 가능성이 크다. 그렇다. 다시 돌아서 봐도 결국 시간이다. 당신은 그저 시간에 쫓기고 있을 뿐이다.

일을 잘게 쪼갠다. 그리고 그 업무를 하나씩 정리해간다. 지극히 단순하다. 이것이 멀티태스킹의 본질이다. 혼란스럽기는 커녕 오히려 머릿속이 정리된다. 머릿속이 정리되면 집중력도 높아져 당신의 능력은 최대화한다. 멀티태스킹의 장점은 이렇듯 차고도 넘친다.

POINT

일을 한 번에 집중해서 처리하는 편이 좋다는 고정관념을 버린다. 일을 가능한 잘게 쪼갠다. 필요한 시간에 필요한 일을, 멀티테스킹을 한다.

자투리 시간 전에 처리할 업무를 정해둔다

하나의 일을 하나의 덩어리로 다룰 게 아니라 잘게 쪼개어 다룬다. 업무를 다양화하면 자투리 시간 정도에 따라 일을 나눌 수 있다. 자투리 시간을 빈틈없이 효과적으로 활용할 수 있다. 그렇게 여러 가지 일을 동시에 처리하는 멀티태스킹이야말로 시간 대비 효과를 극대화하는 습관의 전부라 해도 과언이 아니다. 멀티태스킹이라고 하여 걱정할 필요는 없다. 힘줄 필요도 없다. 왜냐하면 당신은 이미 멀티태스킹에 익숙해져 있기 때문이다.

당신만이 아니다. 누구든 예외 없이 이미 익숙해져 있다. 집에서 저녁에 카레를 끓이는 동안 텔레비전으로 좋아하는 드라마를 본다. 드라마를 보면서 손에 쥔 스마트폰으로 SNS를 훑고 댓글을 달거나 트윗하기도 한다. 라인으로 메시지가 오면 답장한다. 답장하고 나서 다시 드라마를 본다. 그리고 슬슬 불을 올려놓은 카레 상태를 확인한다. 이것 역시 분명한 멀티태스킹이다. 변덕이 죽 끓듯 하는 아이를 상대하면서 세탁하고 청소하고 식사 메뉴를 고민하며 주방에 선다. 육아를 하다 보면 멀티태스킹의 달인이 된다.

현대인은 모두 한정된 시간에 멀티태스킹을 하며 살아가고 있다. 일이라고 그렇게 하지 못할 이유는 없다. 일을 잘게 쪼갠다. 그것이 자투리 시간을 최대한 효과적으로 사용하기 위해 내가 신경 쓰는 두 가지 중 하나다.

남은 한 가지는 자투리 시간 전에 미리 그때 처리할 업무를 정해두는 것이다. 자투리 시간이 코앞에 닥쳤을 때 어떤 일을 처리할지 고르는 것은 잘못이다. 자투리 시간은 문자 그대로 자투리다. 어떤 일을 할까 망설이는 새에 지나가 버린다.

따라서 '오늘 그 자투리 시간에는 이 일을 하자'라고 미리 할 일을 생각해두는 것이 핵심이다. 예컨대 나는 차로 이동하는 시간이 20분이라면 '그때는 차 안에서 원고를 확인해야지'라고 사전에 정해둔다. 오후 첫 미팅과 그다음 미팅 사이에 10분의 자투리 시간이 있다면, 전날 받은 프로젝트 관련 내용을 확인하고 스태프에게 지시하는 식이다. 그러다가 미팅 중에 그 미팅이 예정보다 일찍 끝날 것 같으면 다시 머릿속에서 그 시간에 할 업무를 정해둔다. 또 세간의 주목을 받는 뉴스가 푸시 알림으로 스마트폰에 뜨면, 다음 자투리 시간의 업무를 변경하여 그 뉴스에 관한 해설 동영상을 바로 유튜브에 업로드하기도 한다.

나는 어떤 경우에도 차를 직접 운전하지 않는다. 사고 위험은 둘째치고, 무엇보다 핸들을 쥐고 있는 시간을 아깝다고 여긴다. 직접 운전만 하지 않는다면 이동하는 시간은 아무에게도 방해받지 않는 최고의 일터가 되기도 한다. '운전기사를 둔 사람이 얼마나 된다고? 호리에 정도의 재력이 있으니 할 수 있는 게 아닌가?' 생각이 들지도 모르겠지만, 핵심은 그게 아니다.

핵심은 시간을 다루는 방식 그 자체다. 그렇다면 택시를 이용하면 된다. 전철 내에서도 충분히 일을 처리할 수 있다.

업무 관련 연락은 거의 모두 문자나 메신저로 처리한다. 메일은 자칫 내용이 길어지기 쉽다. 나는 어떤 메신저를 사용하든 용건만 쓰지만, 메일은 상대의 서면이 불필요하게 길어지는 경향이 있다. 그래서 메신저가 좋다. 최소한의 스마트함을 지키며 대화를 이을 수 있다.

자투리 시간이야말로 시간 관리의 승부처이다. 그 시간은 불과 몇 분에서 몇십 분밖에 되지 않지만 합치고 보면 엄청난 크기가 된다. 단, 제한시간이 지나면 가타부타 연장하거나 미루거나 할 여지도 없다. 무조건 끝나고 만다. 강제 종료다. 그 강제 종료 또한 자투리 시간의 장점이다. 뭐니 뭐니 해도 제한시간 내에 끝까지 해내야 한다는 의지가 강해지므로, 순간적인 집중력이 높아질 수밖에 없는 구조이다.

시간을 끌지 않고 업무를 완료하는 비결은 이것이다. 시간에 쫓기지 말고 시간을 쫓아다녀라. 남들은 대수롭지 않게 허비하는 시간을 당신만의 무기로 만들어라. 그 자투리 시간에 처리할 수 있는 일을 미리미리 정해두라. 쪼개둔 업무 분장에서 그

시간에 맞는 적절한 일을 찾기는 어렵지 않을 것이다. 그것이

자투리 시간을 효율적으로 활용하는 비결이다.

POINT

자투리 시간이야말로 시간 관리의 승부처이다. 자투리 시간

이 예상될 때면 그 시간에 무엇을 할지 미리 정해두고, 시간

이 닥치면 즉각 처리한다.

다가오는 시간은 돈으로 살 수 있다

나는 스마트폰으로 작업을 하는 중에 오는 전화는 일절 받지 않는다. 전화를 받으면 그 순간 작업이 중단될 수밖에 없기 때문이다. 그리고 작업의 순간적인 지연뿐 아니라, 사고의 흐름이 달라져 작업의 흐름이 끊기기도 한다. 즉, 작업의 흐름이 끊긴다는 건 이런 때에 써야 하는 말이다. 물론 상대의 시간을 빼고 싶지도 않기 때문에 내가 전화를 거는 일도 없다.

원래 말이란 생각이 정리되지 않은 채로 나오기 쉽다. 실컷 이야기했는데 아무런 결론도 내지 못하고 끝나버리면 이 또한 엄청난 시간 낭비다. 서면으로 주고받으면 그렇지 않다. 양쪽의 사고가 어떻게든 정리될뿐더러 기록도 남는다. 어떤 말을 했느니 하지 않았느니 하는 불필요한 잡음도 피할 수 있다. 옆에서 누가 보면 나는 그저 스마트폰을 만지작거리며 놀고 있는 것처럼 비칠지도 모르겠지만, 실제로 나는 그 시간에 큰 계약을 마무리하는 일도 흔하다.

얼마 전까지만 해도 큰 메모리가 필요한 동영상 편집이나 이미지 편집은 컴퓨터에 의지해야만 했지만, 지금은 그런 종류의 앱도 잘 나와 있고 스마트폰의 성능도 상향 평준되어 그마저도 스마트폰으로 처리할 수 있게 되었다. 온라인 회의는 물론 프레젠테이션 자료 작성도 경리 업무도 처리할 수 있다. 스마트폰으로 할 수 없는 작업을 찾는 게 빠를 정도다. 그러려면 365일 24시간 당신의 손안에 있는 스마트폰은 최적의 상태여야 한다. 스마트폰 스펙에 아낌없이 투자하란 말은, 언제 어디서나 작업에 만전을 기할 수 있어야 한다는 말이다.

스마트폰 스펙에 투자하기란 전혀 어려운 이야기가 아니다. 스펙이 가장 높은 스마트폰이란 역시 최신기종이다. 조건은 그것뿐이다. 항상 최신기종을 소지하자.

이런 말을 하면 "호리에 씨는 돈이 많으니까"라고 말하는 사람도 있을지 모르겠다. 하지만 이것은 돈이 있고 없고의 문제가 아니다. 나의 대외적인 이미지와 달라 어쩌면 조금 놀랄지도 모르겠지만, 나는 사실 엄청난 구두쇠이다. 회사를 경영하던 무렵에는 직원이 사용하는 비품 하나하나에도 눈을 번득였다. 그 대신 돈을 써야 할 곳에는 주저없이 확실하게 썼다. 다소 무리해서라도 말이다. 불필요한 지출은 일절 하지 않는다. 그러나 필요하다는 생각이 드는 곳에는 아낌없이 지갑을 연다.

연로한 미국의 한 부호였는데, 정확히 누가 했던 말인지는 기억나지 않지만, 꽤 인상적이었던 에피소드가 있다. 그 부호가 한 인터뷰에서 이런 질문을 들었다. "전 재산을 걸고라도 손에 넣고 싶은 것이 있습니까?" 그러자 그는 잠시 생각하더니 이렇게 답했다. "내가 정말 좋아하는 《허클베리 핀의 모험》을 아직 읽지 않은 시절의 나로 돌아가고 싶군요."

물론 그것은 이룰 수 없는 소원이다. 아무리 돈이 많아도 시간을 되돌릴 수는 없다. 어느 경우라도 같은 감동을 두 번 맛볼 수는 없다. 즉, 흘러간 시간에는 측정할 수 없는 가치가 있다.

그래서 흔히들 시간은 돈으로 살 수 없다고 말한다.

하지만 정말로 그럴까. 한번 이렇게 바라보자. 시간에는 '지나간 시간'과 '다가올 시간'이 있다. 지나간 시간은 그 누구도 두 번 다시 음미할 수 없다. 그러나 당신이 아직 마주하지 않은, 다가올 시간은 다르다. 얼마든지 생명을 불어넣을 수 있다. 그리고 그 시간들 역시 언젠가는 지나간 시간이 된다.

그러니까 스마트폰의 최신기종 선택에는 여지가 없다. 구형과 최신모델은 같은 작업을 하는 데도 처리 능력이 다르다. 그 차이는 고작 몇 분일지 모른다. 하지만 그 몇 분이 무한한 차이의 시발점이 될 수 있다. 그렇게 다가올 시간을 창출할 수 있다.

스마트폰에 들일 돈이 없다? 그렇지 않다. 순서가 바뀌었다. 시간과 돈을 얻기 위해 스마트폰에 돈을 들이는 것이다.

POINT

최신 스마트폰은 결코 비싼 게 아니다. 스마트폰의 비용으로 결국 시간을 사는 것이다. 정보와 시간에 들이는 돈은 절대 아끼지 말아야 한다.

허례허식을 버리고 시간을 축약한다

시간 대비 효과를 높이려면 자투리 시간을 효율적으로 활용하는 것과 더불어 시간을 단축하는 것도 중요하다.

하나의 일, 하나의 목표를 달성하기 위해서는 여러 과정과 결과를 거쳐야 한다. 하지만 그 모든 과정과 절차가 정말로 목표 달성에 꼭 필요한 것일까. 괜한 수고를 하고 있는 것은 아닐까. 이 작업은 정말 필요할까. 이 행위에 의미가 있을까. 일상에서 이런 의문을 품은 적이 있지 않은가.

그 대표적인 예가 진척이 없는 사내 회의다. 도무지 목적도 의도도 알 수 없는 추상적인 말만 난무하며, 이쪽을 보면 슬쩍 눈을 피하고 저쪽을 보면 영혼 없이 맞장구만 치는 그런 사내 회의 말이다.

귀중한 시간을 허비한 끝에 참석자가 손에 쥐는 것은 정체를 알 수 없는 '일을 했다는 느낌' 정도일 것이다.

결국 누구 하나 빠짐없이 마뜩잖은 표정을 지으며 자리에서 일어나지만, 어김없이 다음 회의 시간은 다가오고…. 문제는 이것이다. 오늘 옆에 있던 저 사람이 내일 이곳에 나온다는 이유로 당신도 나온다. 그렇게 질리지도 않고 정체 모를 회의는 어제도 오늘도 내일도 반복된다.

의미 있는 회의는 두 종류다. 하나는 참석자가 각자 미리 사안을 충분히 검토하고 정보를 공유하여 최단 시간에 최종합의를 도모하는 회의다. 물론 이것은 원격으로도 가능하다. 또 하나는 안색을 살피는 회의다. 안색을 살핀다고 하면 고리타분한 느낌이 들 수도 있는데, 그렇지 않다. 세력 균형이 다른 대외교섭은 때론 상대의 진의를 파악하기 어려울 때가 있다. 그것을 확실하게 하려면 언어 외적인 정보들도 직접 확인하고 고려해야 한다. 이 두 종류 이외의 회의는 대부분 실질적으로 의미가 없다.

그러니 세상에 만연한 대부분의 회의는 유명무실한 의식에 지나지 않는다. 그런 의식에 몇 시간씩 탕진하다니 있어서는 안 될 일이다. 당신은 거기에서 도망쳐야 한다. 요식적인 회의는 모조리 잘라버리자. 피할 수 있는 회의는 가능한 한 피하자. 그런 만큼 당신은 일찍 목표에 도달할 수 있다.

물론 '회의란 대개 좋든 싫든 억지로 참석하는 경우가 대부분인데, 어떻게 자르고 피하란 말인가'하는 생각이 든다면 그것도 틀린 말은 아니다. 그러니 비생산적인 회의를 빠져도 될 만큼의 퍼포먼스를, 결과를 내야 한다. 결과를 낸다면 아무도 불평하지 않는다.

결과만 요구받으면 압박이 느껴진다? 그건 그렇다. 하지만 압박이 없는 일은 시시하지 않을까. 오히려 오랜만의 압박이니 원 없이 즐겨본다. 그래도 주위의 눈이 신경 쓰인다면 붙임성을 잘 발휘하면 된다.

이 작업이 정말 필요한가. 이 행위에 의미는 있는가. 당신 안에서 불쑥 용솟음치는 그 의문은 거의 대부분 맞다. 세상은 너무 유명무실한 허례허식들로 가득 채워져 있다. 장문의 비즈니스 메일도 그렇다. 날씨 인사인지 뭔지 더하는 것은 논외다. 본인은 예절을 중시한 것일지 몰라도 애초에 그런 예절 자체가 딱히 중요하지 않다.

오히려 읽는 쪽의 입장에서 생각해도 부담이다. 장문에 대해 한마디로 답하는 것도 신경 쓰인다. 하긴 난 그래도 필요한 말 한마디로 답하지만, 대부분 사람은 쉽사리 그렇게 하지 못한다. 답례차 장문으로 돌려준다. 그리고 또 장문이 돌아온다. 물론 이런 요식 행위가 모조리 무의미하다고는 할 수 없을 것이다. 사람은 기계가 아니고 사회에는 암묵적으로 합의된 규칙들이 있다. 이 요식 행위도 그런 규칙 중에 하나라고 볼 수 있다. 하지만 업무의 효율이라는 측면에서 보면 결국 의미 없는 힘겨루기에 불과하다.

결국 일을 완수하는 과정은 간소할수록 좋지 않겠는가. 일은 일이다. 그 이상도 이하도 아니다. 암묵적인 규칙과 요식 행위는 예의라는 탈을 쓰고 당신의 프로세스에 슬쩍 들어오려고 한다. 이런 순간을 방심해서는 안 된다. 휘둘려서도 안 된다. 예절 같은 건 필요 없다고 말하려는 게 아니다. 예절에는 그에 합당한 형태, 그에 합당한 자리, 그에 합당한 타이밍이라는 게 있다. 유명무실한 의식이나 예절은 전부 물리치자. 당신이 먼저 잘라버려야 할 것은 그것이다.

POINT

쓸모없는 회의나 요식행위로 시간을 허비하고 있지 않은가. 필요한 건 일을 했다는 기분이 아니라, 실제로 이룬 일의 성과이다.

목표와 과정을 규명하는 것이
시간 단축의 열쇠다

여러 번 이야기하지만, 시간은 귀중하다. 무엇과도 대체할 수 없다. 그 증거로, 시간만 들이면 대부분 어떻게든 된다. 공부든 어떤 특정 스킬이든 남모를 노하우든 들인 시간만큼 수확하기 마련이다. 시간은 거짓말을 하지 않는다고 하는데, 그것은 정말 확고부동한 진리다. 단, 그렇게 시간을 들여 수확한 것이 실제로 당신에게 도움이 되는지 어떤지는 별개 문제다. 그 수확은 결국 시간 대비 효율이 괜찮은가, 균형이 맞는가, 최적의 과정인가.

도움이 되는지 어떤지를 말하는 것이 아니다. 배움을 통해 인생의 본질이나 사회의 메커니즘을 알고자 하는 사람도 있을 것이다. 그런 것이 실생활에 도움이 되는지를 따지는 것은 크게 의미가 없다. 그저 그것은 그것대로의 가치가 있으니 그대로 매진하면 된다. 인류의 지성은 그렇게 계승되어왔다. 몇 번이나 말하지만, 당신의 인생은 당신이 하고 싶은 것을 해야 한다. 정답은 그것밖에 없다.

한편, 당신이 구체적으로 눈에 보이는 성과를 손에 넣고 싶다면 그 도중의 준비 과정이 타당한지 어떤지 냉정하게 규명할 필요가 있다.

세상에는 유명무실한 의식이 만연해 있다. 이것을 하기 위해서는 저것을 해야 한다는 미신이 여기저기서 위세를 떨치고 있다. 이 말인즉, 당신의 시간을 단축할 여지는 얼마든지 있다는 뜻이다.

이를테면, 예전에 스시 장인의 세계에는 '밥 짓기 3년, 쥐기 8년'이라는 말이 있었다. 이 말처럼 스시 업계에서 스시 장인으로 인정받기 위해서는 오랫동안 도제식 수업을 받아야 했다.

이름 난 장인의 제자로 들어가 처음 몇 년은 접시 닦기나 청소 등의 허드렛일로 날이 저문다. 몇 년이 지나야 겨우 칼 다루는 법을 배우는데 이때도 중요한 작업은 시키지 않는다.

이러저러해서 실제로 스시를 쥐고 손님에게 내기까지, 이른바 한 사람의 장인으로 인정받기까지는 아득한 세월이 걸린다. 대가라는 칭호는 밥 짓기 3년, 쥐기 8년이라는 11년의 세월을 거쳐야만 들을 수 있었다.

정말로 스시를 잘 쥐는 데 이렇게 긴 과정과 오랜 시간이 필요할까. 그럴 리 없다. 근거 없는 미신에 가까운 풍조다. 조금만 생각해봐도 알 수 있는, 사리에 맞지 않는 이 말이 업계의 상식으로서 버젓이 통하고 있었다.

다행히 최근 들어 그런 풍조가 서서히 바뀌고 있다. 스시 장인 양성학교에서 수개월 배운 것만으로 가게를 차리는 사람이 늘고 있다. 개중에는 개점하여 일 년도 되지 않아 미쉐린 가이드에 등재된 가게도 있다.

당신이 창업을 고려하고 있다고 하자. 그래서 지금 한창 경영이론이나 마켓이론을 머리에 주입하는 중이라고 생각해보

자. 그러나 정말로 이런 이론들이 필요할까. 그런 책상머리 이론이 정말 도움이 될까. 적어도 도움이 되긴 될 것이다. 하지만 거기에 들인 시간에 부합하는 만큼의 쓸모가 있을까. 어쩌면 공부를 해야만 한다는 고정관념 때문에 책을 펴고 있는 것은 아닐까.

경영은 각론이 아닌 총론이다. 다양한 노하우와 사람들과의 유대가 얽힌 복합적인 행위이고, 시장에서의 승부다. 당신의 목적은 경영을 공부하는 것이 아니다. 실제로 업체를 경영하고, 시장에서 승리하는 것이 당신의 목적이다. 그렇다면 앞서서 하는 공부는 최소한의 것만 해두고, 현장에 직접 뛰어드는 편이 훨씬 이득이다. 생생한 노하우는 실제로 현장에서 일을 겪으면서야 비로소 체득할 수 있다. 목적과 과정이 뒤바뀌어서는 안 된다.

하루를 보내는 방법 역시 마찬가지다. 목표와 과정을 확실하게 한다. 나의 모닝 루틴은 짧다. 일찍 일에 착수하고 싶은 마음 때문이다. 화장실, 샤워, 드라이, 양치질, 향수, 면도, 체중 측정, 옷 갈아입기, 세탁 건조기 세팅 그리고 건강보조제 섭취, 잠깐 피아노 연습을 한 다음 스마트폰을 들고 방을 나선다. 여기까지 걸리는 시간은 평균 20분이다.

당신은 아침 채비에 어느 정도 시간을 들이고 있는가? 1시간? 그렇다면 나는 당신에 비해 일어나자마자 하루의 40분을 번 셈이다. 아침 채비는 그날 하루의 첫 프로세스다. 일이라는 목표에 대한 프로세스일 뿐이다. 빨리 끝내면 그만큼 일도 빨리 끝맺을 수 있다.

모든 일은 목표와 과정으로 성립된다. 과정은 어떻게 하느냐에 달렸다. 그렇다면 이 시간을 단축할 여지는 없을까? 그것을 곱씹어보는 습관부터 들이자.

POINT

정말 이루고자 하는 목표에 필요치 않은 고정관념이나 미신에 얽매이지 않았는가. 목표를 달성하기 위한 최적의 경로를 추구하라.

다른 사람에게 부탁해 시간을 줄인다

시간을 단축하는 데 가장 간단하면서도 절대적인 효과를 발휘하는 방법은 다른 사람에게 부탁하는 것이다. 달리 말하면 자신의 약점을 드러내는 것이기도 하다.

뭔가를 이루려면 시행착오는 피할 수 없다. 당연히 벽에 부딪히거나 곤경에 처하는 일이 생기기 마련이다. 일을 이룬 다음이라도 사정은 다르지 않다. 거기에서 다시 다음 단계로 나아가야 하므로 시행착오는 새로이 반복된다.

벽에 부딪혔을 때 혼자 힘으로 그 벽을 넘을 수 있다면 당신의 내공은 비약적으로 늘어날 것이다. 그렇게 당신의 능력은 확장되는 과정을 거치며 성장한다. 하지만 그 시간의 기회비용을 생각해보면 마냥 좋은 일만은 아니다. 무엇보다 우선해야 할 것은 성과이지 과정이 아니다. 내공도 능력도 역량도 결국 성과를 내기 위한 자원에 불과하다는 것을 놓치면 안 된다.

혼자 힘으로 도전해보는 것은 좋다. 그러나 혼자서 쉽게 해결할 수 없는 문제를 두고 하염없이 시간을 허비하는 것은 옳지 않다. 첫째, 혼자 끙끙 앓아봐야 즐거울 일이 없다. 즐겁지 않으면 결국 마음이 먼저 꺾이고 만다. 한 번 더 말하지만, 당신의 시행착오는 앞으로도 계속될 수밖에 없다. 벽에 부딪혔을 때 거기에서 한 번 버텨보고 안 된다면 냉큼 포기하자. 극복하기를 포기하는 것이 아니다. 극복하기 위해 그 방식을 포기하는 것뿐이다.

그리고 다른 사람에게 부탁하자. 도와달라고 매달린다. 다른 사람에게 부탁하는 것은 제 몫을 다하지 못하는 것이다? 그건 오해다. 어느 누구라도 개인, 혼자의 힘이란 생각보다 그리 대단하지 않다. 누구나 혼자가 아닌 다른 사람과 힘을 합칠 때 제 몫을, 혹은 그 이상의 몫을 해낼 수 있게 된다. 머리를 숙이는 것은 창피한 일이다? 그렇지 않다. 그것이야말로 자의식 과잉이다. 누군가에게 부탁하는 것을 창피하다고 생각하는 그 시답잖은 프라이드와 오기가 더 창피할 일이다.

당신이 도움을 청한다면 상대는 분명 응해준다. 만일 응해주지 않는다면 그런 변변찮은 사람과는 사귀지 않아도 좋다. 사람은 도와달라는 말을 입 밖에 낼수록 버림받지 않는 법이다. 그래야 누구든 적극적으로 도와주고 싶어 한다.

내 주위의 이른바 성공한 사람이라 불리는 이들은 모두 도와주는 것을 좋아한다. 눈앞의 곤란한 상대를 지나치지 않는다. 왜냐면 그들도 지금까지 누군가를 의지하며 도움을 받아왔기 때문이다. 그래서 단언할 수 있다. 약점을 드러내지 못하는 사람은 성공할 수 없다. 나는 항상 다양한 사람들에게 머리를 숙인다. 부족한 것투성이기 때문이다. 나에게 난제가 상대에게도 난제인 것은 아니다. 오히려 그런 경우는 적다. 저마다 잘하는 분야가 있는 게 당연하다. 때론 맥이 빠질 만큼 깔끔하게 해결해준다.

"고맙습니다."

도와준 사람에게는 이 한마디가 큰 기쁨이고 보람이다. 자극과 격려가 된다. 이것이 곧 보수다. 돈으로 살 수 없는, 그래서 더 받고 싶은 보수다. 당신은 부탁한 상대에게 그만큼의 대가를 제대로 지급할 수 있는, 감사할 줄 아는 인간이라면 그걸로도 충분하다.

'인정을 베풀면 반드시 돌아온다'라는 말이 있다. 누구라도 인생이 순풍에 돛단 듯 흘러가지만은 않는다. 당신도 끊임없는 시행착오를 반복하다 보면, 언젠간 누군가를 도울 날이 온다. 그러니 그 과정에서는 계속해서 사람들에게 부탁하기를 주저하지 말자. 그것이 문제해결의 최선책이며 시간 대비 효과를 한없이 높이는 최선의 수단이다. 그것이 모두가 행복으로 향하는 방법이다.

POINT

혼자 힘으로 전부 하려고 하지는 않는가. 더욱 잘, 더욱 빠르게 목표를 달성하기 위해 타인의 도움을 받는다. 여러모로 시간을 아끼는 방법이다.

"누구나 천성은 비슷하지만,
저마다의 습관에 따라 달리 성장한다."

- 논어 -

4장

스트레스에서 자유로워지기 위한 습관

여기저기서 받는 사소한 스트레스들로
골머리를 싸매고 있지 않은가.
단언컨대 스트레스의 강도보다
스트레스의 대가가 큰 경우는 없다.
자그마한 스트레스가 인생에 균열을 낸다.
관성적이고 습관적으로 버티던
스트레스를 벗어나는 습관을 들인다.

스트레스를 피하려면
인간관계 재점검이 필수

    살다 보면 다양한 일이 생긴다. 기쁜 일, 슬픈 일, 화나는 일 그리고 때론 불합리한 일… 평범하게 일상을 보내고 있을 뿐인데 하루하루가 드라마의 연속 같기도 하다.

    나로 말하자면, 평범하게 회사를 꾸려가고 있던 어느 평범한 하루에, 갑자기 체포되었다. 증권거래법을 위반했다는 말을 들었다. 사실 그 사건은 지금까지도 전혀 납득할 수 없지만, 이제 와서 새삼 이러쿵저러쿵 반론할 생각은 없다. 결국 모두 지난 이야기일 따름이다.

살다 보면 이렇게 당혹스럽고 어처구니 없는 일들도 생기는 것이다. 우리의 삶은 예측 불가능한 변수로 가득하다. 그래서 예측 못할 어려운 일도 닥치고 고통도 겪지만, 그렇기에 희망적인 미래가 있을 가능성 역시 존재한다.

어떤 일이 생기더라도 과거에 사로잡힐 필요도, 앞일을 걱정할 필요도 없다. 그 모든 순간에도 시간은 흐르고 있다. 중요한 것은 지금이다. 오늘 하루다. 우리가 할 수 있는 것은 하루하루의 축적이 전부다. 오늘 이 순간을 즐기며 충실하게 살아간다. 그러려면 먼저 불필요한 스트레스를 떨쳐내야 한다.

스트레스에는 좋은 스트레스와 나쁜 스트레스가 있다. 당신이 뭔가에 도전하고자 한다면, 그것은 미지의 체험이어야 한다. 당연히 거기에는 스트레스가 따른다. 그 스트레스는 새로운 시작을 위한 중요한 동기부여가 된다. 당신에게 필요한 좋은 스트레스다. 적절한 스트레스는 수명을 늘린다고도 한다. 이는 과학적으로도 증명되었다.

문제는 당신을 부정적인 감정으로 밀어 넣는 스트레스다. 그런 유형의 스트레스는 당신에게서 지력, 체력, 사고력, 행동력을 앗아간다. 심각해지면 면역력을 떨어뜨려 노화나 질병으로 직결되기도 한다. 당신의 모든 능력을 좀먹는다. 어떤 경우에도 있어서는 안 될 상황이다.

나는 스트레스에 민감하다. 민감한 까닭에 스트레스를 초래할 만한 요소는 주도면밀하게 피하고 있다. 덕분에 스트레스에서 꽤 자유로운 편에 속한다. 하루하루가 쾌적하다. 호리에는 멘탈이 강하다? 그렇지 않다. 무척 민감한 탓에 그런 상황을 만들지 않으려 더 주의를 기울이는 것이다. 어떤 일에도 동요하지 않는 멘탈의 소유자는 없다. 따라서 멘탈을 지키는 습관이 반드시 필요하다.

직장인을 비롯한 사회인의 모든 스트레스는 인간관계에서 유발된다 해도 과언이 아니다. 다양한 조사 결과를 보더라도 독보적 1위는 인간관계라고 한다. 당신은 어떤가. 직장이나 거래처 혹은 개인적으로 힘든 사람이 있어 고민하고 있지는 않은가. 어떻게 사귀어야 할지 혹은 어떻게 거리를 둬야 할지 머리를 싸매고 있지는 않은가.

사람에게는 좋고 싫은 것과 맞고 맞지 않는 것이 있다. 무엇이 어떻게 맞지 않는지는 상대에 따라 다르다. 그때마다 사귀는 법을 모색해서는 한이 없다. 모색하는 동안에도 당신의 스트레스는 쌓여 간다.

인간관계의 스트레스를 피하는 수단은 한 가지다. 성가신 인간관계를 버리는 것이다. 하나도 남김없이 깡그리 버려버린다. 거기에 모든 에너지를 쏟는다. 그것이 가능하다면 고민할 일이 없다? 이런저런 것이 얽히고설켜 있으니까 힘든 거다? 그렇다면 그 얽히고설킨 것의 정체는 무엇일까. 단순히 버림받고 싶지 않다는 두려움이 아닐까. 혹여나 불이익을 받을까 봐 멋대로 상상력에 불을 지피며 지레 겁먹고 있을 뿐이 아닐까. 냉정하게 자신의 마음을 들여다 볼 필요가 있다.

심지어 걱정이 사실이라도 괜찮다. 만에 하나, 어떤 불이익을 받더라도 다른 누군가가 새로이 나타나 그 부분을 채워줄 것이다. 새로운 누군가와 설레는 만남을 위해 지금의 관계를 놓아준다고 생각해도 좋다.

나는 사회인이 되어 커다란 비즈니스를 해낸 경험도 있고, 셀 수 없이 많은 사람의 지지를 받아보기도 했다. 하지만 최근 10년을 돌아봤을 때 꾸준히 사귀고 있는 사람은 극히 소수다.

몰두하는 대상이 바뀌기 때문에 당연하다. 나는 그렇게 인간관계를 갱신하면서 인생의 선도를 유지해간다. 당연한 말이지만 예전의 친구 역시 마찬가지로 어딘가에서 새로운 친구와 즐겁게 지낼 것이다.

인간관계에는 애초에 유효기간이 있다. 당신의 인생은 단계별로 옮겨 간다. 그것에 따라 사귀는 상대도 바뀐다. 하물며 힘들게 하는 상대라면 앞장서서 먼저 끊어버려야 하지 않을까. 그 상대는 당신에게 어떤 자원도 되지 못한다. 끝까지 갈 수도 없는 정 때문에 스트레스를 받지 말자.

POINT

영원한 인연은 드물다. 인생이 단계별로 나아갈 때마다 인간관계도 자연스레 순환하기 마련이다. 스트레스인 관계가 있다면 지체 없이 끊어내라.

돈에 관한 불안은 망상에 지나지 않는다

인간관계와 나란히 수입이나 돈 문제 역시 가장 큰 스트레스의 근원이 된다. 최근에 '노후 자금 2,000만 엔'의 문제가 불거진 적이 있다. 금융청 보고서 '고령사회의 자산형성과 관리'에 따르면, 노후생활을 유지하는 데 공적연금 외에 별도로 1,300~2,000만 엔 정도가 필요하다고 한다. 이 지적이 사회적으로 커다란 이슈가 되었다.

이 보고서는 평균수명이 늘어난 지금, 이른 단계에서 자산형성과 자산운용이 필요하다고 말했을 뿐이다. 개개인이 자금운

용 능력을 배양하여 자기관리를 한다, 지당한 말이다.

1,200~2,000만 엔이라는 금액은 부부 둘인 무직 세대, 노후 인생이 30년이라는 특정 모델을 설정한 단순 계산에 지나지 않는다. 누구에게나 해당하는 것은 아니다.

그런데 뉴스에서 "노후 자금으로 연금 이외에 2,000만 엔이 필요하다"라는 점만 강조된 탓에 "연금 파산을 정부가 인정했다", "2,000만 엔이라니, 딴 세상 얘기다"와 같이 일본 전체가 히스테릭한 반응을 보였다.

돈이 얽히면 많은 사람이 냉철함을 잃고 판단이 흐려진다. 돈이 얽히기 시작하면 좋은 일이든 나쁜 일이든 감정에 호소하게 된다. 그런 돈에 관한 불안에는 생존의 불안과 프라이드의 불안이 있다. 노후 자금 2,000만 엔 문제는 말 그대로 생존의 불안을 자극했다.

돈이 없다. 어떻게 살아가야 하나. 그렇게 비탄에 빠진 것이다. '내 연 수입은 450만 엔인데 지인인 A의 연 수입은 850만 엔, 같은 나이인데 이리도 다르단 말인가. 나와 달리 A는 항상 멋진 옷을 입고 아내도 예쁘다. 뭐야, 제기랄!' 이런 경우, 저절로 시기하는 마음이 들게 된다. 사람들은 이처럼 돈을 둘러싸고 일일이 동요한다. 스트레스를 받는다.

그렇다면, 바보가 아닌가. 돈은 어디까지나 하나의 수단이다. 자유의 폭을 넓히기 위한 하나의 수단이다. 돈 자체에는 가치가 없다. 그것은 망상이다. 돈은 행복의 계기에 지나지 않는다. 수입이 많든 적든 중요한 것은 당신의 행복이다. 그 이상도 이하도 아니다. 행복하지 않으면 10억 엔이든 100억 엔이든 무의미하다. 그저 종이 쪼가리에 불과하다.

돈이 없다? 살아갈 수 없다? 정말 그럴까? 그렇다면 지금의 생활 수준에 얽매여 있기 때문이 아닐까. 생활 수준을 낮추면 얼마든지 변통하여 생활은 꾸려나갈 수 있다. 자식도 독립하고 부부 둘뿐이라면 그리 넓지 않은 집으로도 충분하다. 그래도 힘들다면 공적인 지원을 받으면 된다. 그것으로 특별히 패널티가 있는 것도 아니다. 언제 어디서든 평범한 시민의 생활을 누릴 수 있다.

연 수입 850만 엔의 A가 부럽다면 당신도 그만큼 필사적으로 일하면 된다. 필사적으로 일하지 않을 거라면 포기하자. 포기하는 대신 지금의 생활에서 기쁨을 찾는다. 있을 것이다. 돈을 들이지 않고 몰두할 수 있는 것은 얼마든지 있다. 있으면 쓰고 없으면 허리끈을 졸라맨다. 돈이란 그 정도의 것이다.

비즈니스에 승부를 걸고 싶은데 밑천이 없다면 대출을 받으면 된다. 개인 대상의 카드론으로도 수백만 엔 정도는 바로 융통할 수 있다. 금리는 최대 20% 미만이다. 200만 엔을 빌리더라도 이자는 일 년에 40만 엔 미만이다. 이 정도의 리스크를 안을 마음이 없다면 애초에 비즈니스를 할 자격이 없다.

당신의 행복을 보장하는 것은 건강과 양호한 인간관계다. 이것만 있으면 어떻게든 된다. 고작 돈 따위로 마음을 소란스럽게 하는 것은 웃기는 이야기다.

POINT

의외로 돈으로 구축하는 안전망에는 그리 큰돈이 들지 않는다. 정말 하고 싶은 일이 있다면 돈 때문에 그리 불안할 필요가 없다.

사소한 거짓말이 마음을 좀먹는 법이다

'빅 파이브 이론'이라고 불리는 성격 분류법이 있다. 사람의 성격을 빅 파이브, 크게 다섯 가지 요인으로 분류하는데, 그 구성 비율에 따라 각자의 성격이 특정된다는 이론이다. 다섯 가지 요인이란 외향성, 개방성, 협조성, 성실성, 신경증적 경향이다.

외향성이란 사교성을 나타내는 요인이다. 개방성이란 탐구심이나 행동력을 나타내는 요인이다. 협조성, 성실성은 각각 문자 그대로 협조성을 나타내는 요인, 즉 책임감, 근면 등 성실성을 나타내는 요인이다. 신경증적 경향은 단적으로 표현하면, 스트레스 내성을 나타내는 요인이다.

이 빅 파이브 이론은 오늘날 심리학에서 가장 신빙성이 높은 성격 연구로 자리매김하고 있다. 이를테면, 기업의 인재 채용 시험에서 실시하는 성격 적성 검사도 대부분 빅 파이브 이론을 바탕으로 설계되어 있다.

뇌과학자 모테키 겐이치로 선생에게 들은 바로는, 나는 이 다섯 가지 요인 중 신경증적 경향이 차지하는 비율이 높다고 한다. 짐작 가는 게 없지는 않다. 그런 자각은 어릴 적부터 충분히 있었다.

신경증적 경향의 비율이 높은 사람은 스트레스 내성이 취약하다. 사소한 일로 고민하고 주저하고 불안에 짓눌리는 경향이 있다. 나는 다른 사람과 비교하여 스트레스를 느끼기 쉬운 타입이다. 그리고 예민하다. 어떤 일로 한번 불안해지면 웬만해선 그 불안을 불식할 수 없다. 기본적으로 걱정이 많은 성격이다. "호리에가 걱정이 많은 성격이라고?" 말도 안 되는 소리라고 여길지도 모르지만 정말이다.

특히 학생 시절에는 그런 경향이 강했다. 사소한 일로 끙끙 앓았다. 초등학생 무렵 친구 앞에서 작은 실수, 하지만 결코 나쁜 잘못은 아닌 실수를 한 적이 있다. 지금 생각하면 아무 일도 아닌데 이상하게도 내게는 그로부터 6, 7년 가까이 그 일이 트라우마로 남아 있었다.

오랜 시간이 지나 이제 곧 쉰의 나이에 접어드는 지금도 그런 근본적인 성향은 바뀌지 않고 있다. 나는 스트레스 강도가 다른 사람보다 배는 강해 방심하면 사소한 일 하나하나가 불안의 씨앗이 된다. 스스로 그렇게 성격을 파악하고 있기에 나는 스트레스나 불안이 다가오지 못하도록 나만의 규칙을 만들어두었다.

그 규칙은 대략 두 가지다. 하나는 거짓말을 하지 않는 것이다. 거짓말이라고 해도 약속을 깨려거나 누군가를 모함하려는 거짓말은 아니다. 그것은 거짓을 넘어 규칙 위반이다. 애당초에 있어서는 안 될 일이다. 내가 여기서 말하는 거짓말은 일상 속에서 순간의 난처함을 모면하기 위한, 아주 자그마한 거짓말을 뜻한다.

함께 있는 게 사실은 지루한데 즐거운 척 행동한다. 별로 맛있지 않은 요리를 아주 맛있는 척 먹어준다. 딱히 고맙지 않은데 고맙다고 머리를 조아린다. 즉 아첨이다. 그것은 사소한 거짓말이지만, 사소한 만큼의 불필요한 고통이 따른다. 득 될 게 하나도 없다.

자칫 상황이 꼬이기 일쑤인지라 거짓말은 백해무익이다. 일단 하나의 거짓말을 덮으려면 열 개의 거짓말을 해야 한다. 그렇게 끝없이 신경을 갉아가며 자신을 잃게 되므로 끝내 감당하기 힘들어진다.

만일, 이런 일이 비즈니스에서 큰 계약을 성사하려는 방편으로 사용된다면 별개다. 상대도 기분이 좋아지고 자신도 기분이 좋다면 원원이다. 그렇지 않고 어색해지고 싶지 않다는 이유만으로 당신은 어쩔 수 없이 거짓말을 하고 있지는 않은가. 그렇게 거짓말까지 하며 애썼는데, 만일 상대가 매정한 태도를 보인다면 어떨까. 바란 적도 없는데 자기 혼자 베풀었다가 상대가 호의를 져버렸다며 괜한 원망으로 마음이 심란해지기도 한다.

기껏해야 사소하고 대수롭지 않은 일이라고 치부할 수도 있겠지만 그래도 거짓말은 거짓말이다. 그 크기와 무관하게 마음에 어긋나는 거짓말은 당신을 좀먹는다.

하루의 밀도를 높여 스트레스를 물리친다

스트레스에서 벗어나는 또 하나의 규칙은 하루의 일정을 빈틈 하나 없이 꽉꽉 채우는 것이다. 일과 노는 것으로 모조리 채워버린다.

요즘 일본의 사업가들 사이에서는 명상이 유행이다. 아무에게도 방해받지 않는 고요한 장소에서 등 근육을 쭉 펴고 앉는다. 눈을 감고 그 어떤 것도 하지 않은 채 마음을 진정시킨다. 이것을 1회 5~10분, 주 몇 회씩 하면 사고와 감정이 항상 평온하게 유지된다. 그렇게 함으로써 일의 집중력이 오르고 기억력도 강화된다. 스티브 잡스와 빌 게이츠도 명상 애호가로 알려져 있다.

명상은 여러모로 좋은 점이 많다고 한다. 하지만 나는 절대 하지 않는다. 어떤 메리트가 있든 간에 하지 않는다. 적어도 나에게 명상은 역효과만 부를 뿐이다. 명상으로 마음을 진정시키고 마음에 공백을 만드는 자체가 나에게는 무리다. 공백을 만든 자리에 쓸데없는 생각을 멈추지 않고 계속 집어넣을 것이다. 마음이 진정되기는커녕 강력한 스트레스에 노출될 게 눈에 선하다.

나의 경우, 사고의 정리는 누군가와 이야기하는 쪽이 훨씬 효과적이다. 이야기란 사고를 언어화하는 작업이다. 언어화함으로써 머리는 개운해진다. 재미있는 아이디어도 번뜩인다. 거꾸로 나에게 스트레스란, 마음의 빈틈에 슬쩍 비집고 들어오는 것이다. 이는 누구든 마찬가지가 아닐까 한다.

잠깐 시험 삼아 마음속을 들여다보자. 당신을 우울하게 하는 것은 무엇인가. 이전에 저지른 실수가 아직도 머릿속을 떠나지 않는다, 의도치 않게 친구와 사소한 언쟁을 벌인 것을 후회하고 있다, 다음 주 기획 회의 때 제출할 자료를 만드느라 고전 중이다… 뭐든 상관없지만, 아무튼 짚이는 게 있을 것이다. 아무것도 없는 사람은 없다.

왜 짚이는 게 있는가 하면 지금 마음에 틈이 생겼기 때문이다. 짚이는 게 있는 지금, 바로 이 순간 당신은 이 책에서 잠시 눈을 뗐을 뿐이다. 즉 아무것도 하고 있지 않은 상태다. 아무것도 하고 있지 않은 한가로운 상태가 스트레스를 비롯한 무언가가 들어올 마음의 틈을 만든다.

스트레스는 대부분 과거나 미래에서 유래한다. 일종의 착각 같은 것이다. 지나간 일을 후회하거나 어떻게 될지 모르는 미래의 일을 멋대로 걱정한다. 그것이 대부분 스트레스의 정체다. 그리고 스트레스는 당신 마음의 틈을 비집고 들어와 쑥쑥 팽창한다.

그래서 나는 하루의 일정을 빽빽하게 채운다. 가슴이 뛰는 일로 일정을 채운다. 그렇게 항상 뭔가를 하고 있으면 마음에 틈이 생길 겨를이 없다. 스트레스가 파고들 여지가 없다. 어쩌다 일정이 취소되어 마침 시간이 빌 때도 있다. 그럴 때는 그 자리에서 전자책을 구매하여 독서에 열중하거나 혼자서 처리할 수 있는 일은 바로 진행한다. 저녁도 혼자서 먹는 경우가 없다. 반드시 누군가와 함께 테이블을 에워싼다.

그렇지만, 하루의 일정을 가득 채우더라도 전부 일로 채우지는 않는다. 노는 것은 선택이 아니라 필수다. 앞서도 말했지만, 노는 것의 효용은 헤아릴 수가 없다. 노는 것은 당신에게 새로운 만남, 새로운 아이디어, 새로운 비즈니스의 기회를 가져다준다.

당신도 밀도 높은 하루하루를 보내기 바란다. 당신이 하고 싶은 일을 충실히 하면, 아무리 밀도가 높아도 부담이 되지 않는다. 오히려 거기에는 스트레스에 한없이 자유로운 날들이 기다리고 있다.

POINT

한가한 마음에 불안이 내려앉는다. 삶의 밀도를 높여 가슴 뛰는 삶을 살도록 한다. 가슴 뛰는 삶에는 스트레스가 스며들 틈이 없다.

SNS를 대하는 태도를 분명하게 한다

SNS는 세상을 바꿔놨다. 단순하게 커뮤니케이션 방식만 바꾼 것이 아니다. 무엇보다 정보 자체의 질을 바꿨다는 점에서 대단하다.

SNS가 등장하기 전에는 정보의 결합이 조잡했다. 개별 정보는 어디까지나 개별 정보에 머물렀고, 거기에서 유기적인 결합은 생겨나지 않았다. 하지만 SNS의 등장 이후로 개별 정보는 서로 의미와 의미가 이어지고 합쳐져 유기적으로 촘촘하게 통합되었다. 그야말로 혁명적이라 할 만한 결과이다. 이를테면,

이번 신종 코로나 백신은 채 1년도 되지 않아 실용화되기에 이르렀다. 획기적인 일이다. SNS가 없었다면 힘들었을 것이다.

SNS의 역사는 길지 않다. 트위터, 페이스북, 스마트폰의 3종 세트가 일본에 보급된 것도 10년 정도밖에 되지 않는다. 하지만 이제 와서 생각해보면 SNS 없는 삶은 상상하기도 어려울 정도다. 이제는 사회의 다양한 서비스가 SNS를 전제로 설계되기 때문이다. 정보 발신, 정보 통합 그리고 커뮤니케이션에서 SNS의 편리성은 따라갈 수가 없다. 당신은 그런 SNS를 어떻게 사용하고 있는가.

SNS의 영향력이 커짐에 따라, SNS는 기존의 역할을 넘어서 스트레스 해소나 인정 욕구를 채우는 장으로도 기능하고 있다. 그리고 그에 따른 그림자로 타인을 이유 없이 헐뜯고 근거 없이 비난하는 일도 늘어나고 있는 것이 사실이다. 실체 없는 악의라 할 수 있다.

나의 트위터만 해도 팔로워가 꽤 되는 만큼, 이런 실체 없는 악의가 담긴 메시지의 양도 만만치 않다. 트위터를 시작한 무렵부터 지금까지 쭉 그러하다. 일일이 대꾸할 수 없어 기본적으로는 무시하지만, 눈에 띄는 악성 투고에 대해서는 발신자 정보를 추적한다. 때에 따라서는 소송도 불사한다. 성가시지만 어쩔 수 없다. 아무튼 나는 그 정도 선에서 끝낸다. 오랜 시간 단련되어 내성이 생겼기 때문이다.

문제는 내성이 없는 사람에게 이런 악의가 쏟아지는 경우다. SNS상의 사소한 발언이 꼬투리를 잡혀 집중포화를 받는다. 그래서 반론하려고 하면 이때다 싶어 불길에 기름을 부은 것처럼 더 활활 타오른다. 그렇게 뭇매를 맞은 사람이 정신적으로 극한에 내몰린 결과 스스로 유명을 달리한 가슴 아픈 사건도 잊을 만하면 일어나고는 한다.

SNS에서는 누구나 피해자 혹은 가해자가 될 위험이 도사리고 있다. 이것은 사실이다. 이런 배경을 말미암아 일부에서는 디지털 디톡스를 추진하는 방안도 검토 중이라고 한다. SNS의 사용 즉 스마트폰을 일정 기간 끊음으로써 정신 건강의 개선을 도모하겠다는 것이다.

하지만 나는 디지털 디톡스는 별로 찬성하지 않는다. 앞으로 디지털 사회는 더욱 가속화한다. 이것은 좋거나 싫다는 차원의 문제가 아니다. 더더욱 SNS를 사용하지 않을 수 없는 시대가 될 것이라는 뜻이다. 당장 지금만 해도 우리는 SNS가 없으면 커다란 불편을 감수해야 한다. 그리고 좋고 싫고를 떠나 SNS를 멀리하면 생기는 손실은 갈수록 커질 것이다. 애초에 거듭 가속하는 테크놀로지에 개인이 역행하기란 불가능하다. SNS를 둘러싼 문제를 해결하는 데 중요한 것은 '사용하느냐, 마느냐'가 아니라 '어떻게' 사용하느냐이다. 어떻게 리스크를 줄일 것인가의 문제를 고민해야 한다는 말이다.

내가 봤을 때, SNS에서 악의를 흩뿌리고 다니는 사람은 문장력과 독해력이 현저히 떨어지는 경향이 있다. 즉 문장을 잘 읽지 못한다. 비아냥이 아니라 세상에는 정말로 문맥이나 행간을 파악하지 못하는 사람이 일정 수 존재한다. 그 점을 미리 알아두기 바란다.

그러면 당신이 취해야 할 태도는 간단하다. 집요하게 들러붙는 상대는 차단한다. 눈꼴사나운 말을 던지면 경찰에 정식으로 피해 사실을 신고한다. 그렇게 당신의 태도를 분명하게 한다. 어차피 상대는 문장력과 독해력이 떨어진다. 대화로 해결하는 것은 헛수고다.

이런 상대와 엮이면 피곤해지기만 할 뿐이다. 기계적으로 처리하는 것이 SNS와 스트레스로부터 자유로워지는 비결이다.

POINT

SNS는 이미 선택이 아니라, 필수의 활동 영역이다. SNS 세계에서 실체가 없는 악의에 휘둘릴 것 없다. 맥락을 못 읽는 상대는 기계적으로 처리한다.

가장 좋은 식습관은 호불호를 두는 것이다

펜데믹 시기에 바이러스 대책으로 공공장소에서는 마스크 착용이 거의 의무화되었다. 덕분에 많은 사람에게 마스크 착용은 일상의 습관으로 정착한 듯하다. 사람이 다니지 않는 길을 걸을 때도 조깅 중에도 늘 마스크를 착용하는데, 그것은 의무도 뭣도 아니다. 그런 곳에서 마스크를 한다고 감염 예방에 공헌이 될 리가 없음은 누구나 알고 있는 사실이다. 그런데도 마스크를 한다. 안 하는 것보다야 낫고, 마스크를 하지 않으면 주위의 따가운 눈총을 받는다는 마음 때문이 아닐까.

이러저러해서 마스크는 지금 예절의 아이콘이 되었다. 물론 무의미한 예절이다. 갑갑하게 마스크를 쓰고 서로를 속박하며 스트레스를 쌓는다. 자칭 코로나 바이러스 전문가가 계속해서 미디어에 등장하여 의기양양한 얼굴로 무책임한 정보를 마구 흘려 대중의 위기감을 부추긴다. 대중은 방송에 나오는 전문가의 말이라 하니, 진지하게 귀담아듣는다. 정말 그런 의도는 아니겠지만, 마치 프로파간다를 설파하는 것 같기도 하다.

어떤 사람들은 자기가 이해하고 싶은 것만 이해하려는 경향이 있다. 사실의 정체를 규명하려 들지 않는다. 자기가 이해한 것이 정답이라고 간주한다. 그런 식으로 무의미한 예절의 미신이 완성된다. 그리고 그 미신에 모두가 농락당한다. 비극이다. 아니 희극인가.

음식과 건강도 그렇다. 묘한 미신이 버젓이 통하고 있다. 이를테면 '채소는 몸에 좋다'라는 미신이다. 자연에서 자랐으니 몸에는 좋다, 음식이란 그런 것이다…. 틀린 말은 아닐 것이다. 하지만 건강에 좋단 말은 채소에 국한된 이야기가 아니다. 보통의 음식은 웬만하면 몸에 좋다. 그런데 왜인지 채소만 특별 대접을 받는다. 내가 인스타그램에 고기 요리를 올리면 꼭 "채소를 먹는 게 좋아요" 같은 댓글이 줄줄이 달린다. 쓸데없는 오지랖이다.

세상은 이처럼 '채소는 건강하고 고기는 건강하지 않다'라는 채소 신봉자들로 넘쳐난다. 다들 분명 어릴 적에 부모님으로부터 "몸에 좋으니까 먹어야 한다"라는 말을 듣고 별로 좋아하지도 않는 피망이나 셀러리를 억지로 먹었던 기억이 있을 것이다. 참고 먹었을 것이다. 그렇게 채소는 막연히 참고 먹을 가치가 있다는 사고가 머리에 새겨지며 근거 없는 미신을 계속 재생산하는 것이다.

99세로 천수를 다한 소설가이자 승려인 세토우치 자쿠초 씨는 육식 애호가였다. 나와는 10년 정도 전에 처음 만나 몇 차례 대담을 나눈 적이 있다. 그때도 이미 고령이었지만, 자쿠초 씨는 나이와 무관하게 명석한 분이었다. 내가 한 말의 미묘한 뉘앙스를 놓치지 않고 되받아치는 센스도 탁월했다. 위트도 있고 유머러스했다. 그녀가 직접 세운 절, '세키안'을 걷는 발걸음도 경쾌했다. 그 원기의 원천을 물었을 때 자쿠초 씨의 답은 명쾌했다.

"정해진 건 없어요. 중요한 건 스트레스를 쌓지 않는 것입니다. 참지 않는 것이죠." 자쿠초 씨가 이르기를, 스트레스를 쌓지 않는 비결은 음식이라고 한다. 좋아하는 음식을 맘껏 먹으라는 것이 자쿠초 씨의 지론이었다.

자쿠초 씨가 좋아하는 음식은 육류였다. 그래서 거의 매일 식탁에 고기 요리가 올라왔다. 채소는 싫어했다. 싫은 데 참고 먹느라 스트레스가 쌓인다면 그것이 무슨 의미가 있단 말인가, 어불성설이라 하며 채소는 먹지 않았다. 두부도 맛이 없어 먹지 않았다.

"건강해지고 싶다면 참는 것이 제일 안 좋아요." 그렇게 웃는 자쿠초 씨의 손에는 맥주가 쥐어져 있었다. 한낮의 시간대에 말이다. 요 몇 해는 뵙지 못했지만, 자쿠초 씨는 만년까지 좋아하는 술을 맘껏 즐겼을 것이다.

육식만 해도 단백질과 비타민 섭취에는 문제가 없고 건강에는 아무런 이상이 없다는 의학 데이터는 오래 전부터 충분히 쌓였다. 자쿠초 씨의 지론은 실로 이치에 들어맞는 것이었다고 지금도 생각한다.

근거 없는 미신에 휘둘려서는 안 된다. 참아서 좋은 건 하나도 없다. 채소 따위도 억지로 먹을 필요가 전혀 없다. 먹고 싶을 때 먹고 싶은 것을 먹으면 충분하다는 말이다. 하물며 타인에게 억지로 강요할 필요는 더더욱 없다.

좋아하는 것을 좋아하는 만큼 먹는다. 그 또한 스트레스로부터 자유로워지는 핵심 포인트다.

POINT

마음이 원하는 것을 참는 것만큼 큰 스트레스도 드물다. 특히나 그것이 먹는 것에 관한 일이라면 더욱 그렇다. 원하는 것을 원하는 만큼 먹는다.

제행무상은 최고의 스트레스 관리법

확고한 인생의 지침이 있다면 어떤 일이 닥치든 부정적인 사고에 휘말릴 일이 없다, 이런 의미의 말을 과거의 많은 위인이 남겼다.

하지만 나는 순순히 받아들일 수 없다. 아무리 확고한 인생의 지침이 있더라도 뜻하지 않은 심각한 사고가 덮쳐오면 흔들릴 수밖에 없다. 부정적인 사고에 빠져버리기 마련이다. 또한, 사고는 불가피하다. 그것을 일축하고 넘길 수 있을 만큼 나는 강하지 않다. 초인이 아닌 이상 누구나 그럴 것이다.

그중에서도 상대에게 배신당했을 때의 타격은 상상을 초월한다. 나는 예전에 이른바 라이브도어 사건으로 그것을 뼈저리게 느꼈다. 사건 직후 내가 믿었던 동료의 일부가 매스컴을 향해 혹은 법정에서 사실과 다르게 나를 헐뜯는 발언을 일방적으로 반복했다.

놀라서 기절할 노릇이었다. 충격이었다. 왜 그렇게 했는지 지금도 그들의 본심은 알 길이 없다. 하지만 그들을 원망하느냐 하면 그렇지는 않다. 이건 괜히 대범한 척하는 것도 뭣도 아니며, 전혀 미워하지도 않는다. 그들의 본심을 알 길이 없는 한, 내가 할 수 있는 일은 용서밖에 없다.

고레에다 히로카즈 감독의 '태풍이 지나가고'라는 영화가 있다. 소설가를 꿈꾸는 중년 남자가 주인공이다. 아내는 그런 남편에게 정이 떨어졌다며 이혼 서류를 내밀고 사랑스러운 아들과도 떨어져 지내게 된다. 번듯한 직장에 취업도 하지 못하고 암울한 날들을 보내는, 그렇게 늘 억눌려 사는 보잘것없는 중년 남자의 소소한 이야기다.

어느 날 그 남자가 방에서 골똘히 생각에 잠겨 있는데 연로한 어머니가 작게 한숨을 내쉬며 말을 건다.

"왜 남자들은 지금을 사랑하지 못하는 거지? 언제까지나 잃어버린 걸 쫓아다니고 이루지도 못할 꿈이나 꾸고. 그렇게 살면 하루하루가 재미없잖아."

사람은 지금을 살아가지 않으면 의미가 없다. 사람은 지금을 즐겨야만 한다. 그러니 때론 포기하는 것도 필요하다고 연로한 어머니는 아들에게 말한다.

나는 어떤 일이든 포기하는 것을 싫어한다. 하지만 일종의 포기는 받아들일 수밖에 없단 걸 인정하고 살아간다. 이 세상은 제행무상諸行無常. 그렇게 받아들이고 있다. 모든 것은 변한다. 이동한다. 시시각각 흘러간다. 그렇다면 과거나 미래에 사로잡혀본들 무슨 의미가 있을까. 누군가를 원망한들 무엇 하나 바뀌지 않는다. 미래를 향해 몸을 맡기는 수밖에 없다.

나의 절대적인 스트레스 관리 노하우는 그런 마음가짐이다. 나에게는 지금밖에 없다. 대신 '지금'만큼은 분명하게 실존한다. 사업가 호리에 다카후미는 세간의 시선으로는 흐름에 역행하여 살아가는 것처럼 비칠지도 모른다. 하지만 완전히 반대다. 나는 오롯이 흐름에 맡기고 살아간다. 일도 노는 것도 연애도 인간관계도 그렇다.

스스로 '이렇게 하고 싶다'라며 흐름에 올라탄 적은 별로 많지 않다. 결국 모든 것은 그렇게 흘러가기 마련이다. 물론 우여곡절은 있었지만, 모든 것은 바뀌어 간다. 흘러간다. 나는 그것에 순응한다. 그것이 즐겁다.

어깨의 힘을 빼자. 의지를 버리라는 말이 아니다. 당신에게는 당신의 흐름이 있다. 그것은 타인의 흐름과는 상관없다. 괜찮다. 어차피 이를 곳에는 이르게 되어 있다. 그렇게 된다.

그러니 그냥 눈앞의 일에 열중하자.

POINT

모든 것은 흐르고 바뀐다. 일어날 일은 일어나게 마련이다. 원치 않는 격류에 휩쓸렸을 때는 그저 그 흐름에 몸을 맡기고, 격류가 지나가길 기다린다.

"인생의 후반부는
인생의 전반부에 쌓은
습관들로 결정된다."

- 도스토예프스키 -

5장

최고의 컨디션을
유지하기 위한
습관

언제 어떤 일이 닥쳐도
갈고닦은 기량을 선보일 준비가 되어 있는가.
인생이라는 기나긴 게임에서는
위기와 기회 모두 불현듯 닥친다.
이런 순간에 최선의 컨디션을 유지할 수 있는,
인생 전반에 걸친 자기관리의
습관 노하우를 소개한다.

컨디션의 열쇠는 연애에 있다

　건강하기만 해도 뭐든 할 수 있지만, 건강을 잃으면 아무것도 할 수 없다. 당신이 살아가는 힘, 일하는 힘을 최대화하려면 무엇보다 컨디션 관리가 중요하다. 최고의 컨디션을 유지할 수 있다면 지력, 사고력, 집중력, 대응력, 행동력은 항상 높은 점수를 낼 수 있다. 컨디션은 당신 본연의 힘을 내게 하는 원동력이다.

　컨디션을 유지하는 데 얕봐서는 안 되는 것이 연애의 효용이다. 세계적인 베스트셀러《왜 결혼과 섹스는 충돌할까》의 저자

크리스토퍼 라이언의 말에 따르면, 남성은 섹스할 때 남성 호르몬, 테스토스테론의 수치가 올라가는 것에 더하여 그 관계가 새로울수록 그 수치가 늘어난다고 한다.

테스토스테론은 뼈, 근육, 혈액 등의 생성에 관여하는 외에 동맥경화를 예방하고 지질대사를 촉진하는 작용이 있다. 또한, 의욕, 스트레스 내성, 결단력 같은 정신적인 측면의 증강 작용도 한다. 남자의 연애와 섹스에는 이런 메리트가 있다. 물론 이것은 남성에게만 국한된 이야기는 아닐 것이다.

"호리에 씨는 일과 연애의 균형을 어떻게 맞추고 있나요?" 적당히 노는 것처럼 보여서인지 종종 이런 질문을 받는다. 사실 균형 같은 건 생각한 적도 없다. 시기에 따라서는 일은 뒷전으로 연애를 우선하기도 한다. 나에게 일과 연애의 가치는 같다. 일에 몰두하면 연애에도 충실하다. 연애에 충실하면 일도 순조롭다. 누구든 그럴 것이다. 일과 연애는 서로 시너지를 낸다.

이것은 특히 남성에게 해당되는 이야기인데, 대개의 남자는 나이를 먹을수록 옷차림을 비롯한 자기 관리에 소홀해지기 마련이다. 후줄근한 슈트를 걸치고 튀어나온 배를 감추려고도 하지 않고 자다 일어난 듯한 부스스한 머리로 태연히 거리를 활보한다.

옷차림과 외관은 갈수록 하향곡선을 그리는 데에 반해 자기주장과 목청은 상향곡선을 그린다. 입만 열면 자기가 다 잘났다며 회사에 대한 불평불만을 쏟아낸다. 그렇지 않으면, 인터넷에서 주워들은 별것 아닌 시사 소재를 엄청난 이야기인 듯 늘어놓는다. 듣는 사람이 민망할 지경이다. 그런 꼰대 아저씨에게 여성이 다가올 리가 없다. 본인이야 이제 딱히 여성에게 인기가 없어도 그만이라고 하더라도, 같은 남성 역시 다가오지 않게 된다. 함께 있는 동료나 부하직원은 고통 그 자체다. 마지못해 적당히 맞장구쳐줄 뿐이다.

이성이든 동성이든 사람은 깔끔해야 호감을 얻는다. 깔끔하게 있으면 사람이 모인다. 사람이 모이면 당연히 유익한 정보도 손에 들어와 일이 충실해진다. 그러면 더 인기가 많아져 더더욱 사람이 모인다. 그런 선순환이 이뤄진다.

나는 후줄근한 옷은 절대 입지 않는다. 물론 고급 브랜드 제품일 필요도 없다. 중요한 것은 청결감이다. 옷차림뿐 아니라 피부 관리도 치아 관리도 빠트리지 않고 한다. 이런 자그마한 관리만으로도 일에서든 연애에서든 상대의 태도가 결정적으로 달라진다.

여성에게 다가갈 때는 당당하게 다가간다. 하지만 상대가 조금이라도 주저하는 듯한 모습을 보인다면 얼른 물러난다. 이것은 철칙이다. 과하면 결코 좋은 꼴을 볼 수 없다. 심지어 스토커로 몰릴 수도 있다. 그것만큼은 확실하게 지키고 나머지는 거침없이 부딪친다. 자신 있게 거침없이 부딪쳐본다. 자신을 긍정하지 않는 사람이 타인에게 매력적일 리 없다. 일단 자신감을 가진다. 그다음 주저 말고 부딪쳐보라.

나는 젊은 꽃미남을 좋아하는 여자 그룹에는 아무리 발버둥쳐도 어필할 수 없다. 절대 무리다. 애초에 내가 이성적으로 어필할 수 없는 그룹이라는 뜻이다. 나에게 가능성 있는 곳은 '통통한 사람 좋아하고, 연상 좋아하고, 머리 좋은 사람 좋아하는 그룹'뿐이다. 어떤 여성이든 그런 취향이 없다면 꾹 참는다. 무엇을 한들 어차피 무참하게 깨지게 되어 있다. 억지로 애를 쓴다고 되는 일이 아니다.

"통통한 사람 좋아하는 여성이 있기는 한 건가?" 당신은 이렇게 말할지도 모른다. 있다. 당신이 모를 뿐이다. 많이 있다.

POINT

컨디션에 연애보다 중요한 요소는 없다. 그리고 연애를 위한 기본적인 자신감은 단정함에서 나온다. 옷차림과 마음가짐을 단정하게 한다.

마지막 한끝의 성과는
웨이트트레이닝에 달렸다

슈퍼카, 모두가 아는 그 페라리를 일본인 최초로 디자인한 산업 디자이너 오쿠야마 기요유키 씨는 인터뷰 중 디자이너에게 가장 중요한 것이 뭐냐는 질문에 이렇게 답했다.

"디자인 일을 하면서 가장 중요한 것? 체력이죠. 마지막에 한 번 더 밀어붙일 수 있느냐 없느냐, 한 단계 더 퀄리티를 높일 수 있느냐 없느냐. 이 모든 것의 원천은 체력입니다."

전적으로 동감한다. 아이디어가 요구되는 일이든 사무를 하든, 체력 없이는 능률이 오르지 않는다.

내 주위의 큰일을 척척 잘 해내는 사람들은 하나같이 튼튼하다. 말 그대로 정말 단순하게, 육체적으로 튼튼하다는 말이다. 그런 이들은 설령 겉모습이 야리야리해 보이더라도 막상 일이 닥치면 거칠 게 없다. 그런 강인함이 있다. 첫째도 둘째도 체력이 중요하다. 그래서 나는 웨이트트레이닝을 한다. 확실하게 체력을 강화하고 유지하려면 웨이트트레이닝보다 효과적인 운동은 드물다. 나는 아무리 바빠도 매일 빠트리지 않고 짐에 나간다.

친한 지인이 말하길, 나의 최대 강점은 뛰어난 체력이라고 한다. 그리고 그 강한 체력은 평소 웨이트트레이닝으로 다져진 것이다. 예전에 다큐멘터리 방송에서 나를 밀착 취재한 적이 있다. 내가 매일 일하는 모습을 쫓는 내용이었는데 취재가 시작되고 며칠이 지나자 취재진이 지쳐서 나가떨어졌다. 내가 너무 쉴 새 없이 움직였기 때문이다.

신체의 근육량은 태어나서 성장함에 따라 차츰 늘어나 20세 정도에 최고점에 달한다. 그리고 그때부터 근육량은 점점 줄어든다. 특히 30세 이후로는 운동을 하지 않으면 급격한 감소세에 접어든다.

골격근이 일반보다 급격하게 줄어들어 신체 기능이 현저하게 저하하는 현상을 근감소증, '사르코페니아'라고 한다. 일본의 경우 40세 이상의 성인 중 약 25%가 사르코페니아 증상을 보인다고 한다. 그만큼 사람들이 평소 운동을 소홀히 하고 있다는 증거라 할 수 있다.

미국의 한 의료팀이 워킹, 러닝, 수영, 웨이트트레이닝, 스트레칭 중 어떤 운동이 건강 개선에 가장 효과적인지를 조사했다. 고혈압이나 비만인 사람들을 대상으로 다양한 운동의 조합 효과를 시험한 결과, 웨이트트레이닝과 스트레칭의 조합이 가장 효과적이었던 것으로 나타났다. 웨이트트레이닝만으로도 안 되고 스트레칭만으로도 안 된다. 둘의 상호보완적인 역할이 무척 컸다.

대부분의 예상과 달리, 러닝에는 생각보다 특출난 효과가 없는 모양이다. 오히려 장거리 마라톤이나 로드 레이스 같은 지구력 운동은 테스토스테론 수치를 떨어뜨려 노화를 초래한다는 연구 결과도 있다. 출근 전이나 퇴근 후에 조깅을 일과로 하는 사람은 조금 주의하는 게 좋을 듯하다.

웨이트트레이닝은 근육을 괴롭히는 것이다. 스스로 힘든 상황으로 몰아넣는다. 근육은 근섬유라 불리는 섬유상의 세포 다발로 구성되어 있다. 근육을 혹사하면 그 섬유 다발이 일시적으로 끊어진다. 끊어진 섬유는 나중에 수복되는데, 그 과정에서 근육은 이전보다 더 늘어난다. 이것이 웨이트트레이닝의 메커니즘이다.

이 말인즉, 근육을 괴롭히는 것만으로는 안 되고 관리도 중요하다는 의미다. 그 관리 중 하나가 스트레칭이다. 웨이트트레이닝은 무작정으로 한다고 되는 것이 아니다. 과학적인 방법에 따라 체계적으로 해야지, 그렇지 않으면 힘만 들고 아무 소용이 없다. 운동이 아니라 노동이 되고, 영향을 고려해 잘 챙겨먹지 않으면 되려 근손실을 유발하기도 한다.

웨이트트레이닝은 힘든 운동이다. 가장 힘든 스쿼트를 밀어붙인 직후는 정말로 계단 한 칸도 오를 수 없다. 그러나 매일매일 쾌적하게 보내기 위해서는 빠트릴 수 없다. 흔히 말하는 사십견과 오십견은 이너머슬, 즉 심층 근육이 쇠약해져 어깨가 매끄럽게 움직이지 않게 되며 그 마찰로 생긴 염증이 통증으로 발현되는 것이다.

나는 그런 노화에 관해 일절 고민하지 않고 즐겁게 살아가고 있다. 오랜 세월의 웨이트트레이닝 덕분이다.

POINT

마지막 한끗의 성과에는 근성도 열정도 아닌 체력으로만 가 닿을 수 있다. 웨이트트레이닝과 스트레칭으로 체력을 관 리한다.

당뇨를 비롯한 난치병은
미리미리 예방할 것

나는 2016년부터 친구들과 일반사단법인 '예방의료보급협회'를 설립하여 예방의료 개발에 몰두하고 있기도 하다.

다가오는 시대의 의료는 치료가 아닌 예방이 표준으로 자리 잡을 것이다. 일본의 의료비는 날로 증가하여 이미 재단을 한계까지 압박하고 있다. 지금부터 우리는 초고령사회를 맞는다. 정부는 가능한 한 의사의 진료가 필요 없는 건강한 노인이 늘어나는 정책을 펼칠 것이다.

이에 따라 병에 걸리지 않는 생활습관을 만드는 데 성공한 사람이 인정받게 될 것으로 보인다. 최소한 현재 이상의 생활 수준을 유지해야 성공했다 할 수 있을 것이다.

예방의료보급협회에서 특히 당뇨병 예방에 힘을 쏟고 있다. 아는 바와 같이 일본에는 당뇨병 환자가 많아 심장병 위암과 나란히 국민병이라 불린 지 오래다. 일본인의 5명 중 1명은 환자 혹은 환자 예비군으로 도합 2,000만 명에 육박할 것으로 추산된다.

당뇨병은 대부분 자각 증상 없이 진행되는 두려운 병이다. 의사를 찾아갔을 때는 이미 늦었다는 이야기도 심심치 않게 들린다. 당뇨병의 혈류 장애에 따른 합병증으로 발이나 다리에 괴사가 일어나 인체의 특정 부위를 절단해야 하는 사람이 연간 1만 명, 실명에 이르는 사람이 연간 3,000명이나 될 만큼 무서운 병이기도 하다.

음식으로 섭취한 당은 근육이나 간 등의 세포로 옮겨져 에너지로 사용된다. 이 세포로 들어가기 위한 열쇠 역할을 하는 것이 인슐린이다. 당뇨병은 췌장에서 인슐린이 분비되지 않거나, 인슐린이 잘 작용하지 않게 되어 생기는 병이다. 이 인슐린이 작용하지 않게 되면 혈액 중의 포도당 농도 즉 혈당치가 비정

상적으로 높아진다. 그 결과, 의식장애가 일어나거나 혈관 등에 상처를 입혀 다른 질환을 유발한다.

동양인은 서구인과 비교하여 당뇨병이 되기 쉽다. 인슐린의 분비 능력이 서구인의 절반 정도밖에 되지 않기 때문이다. 서구인은 과식했을 때, 즉 영양을 과다 섭취했을 때 나머지는 조속하게 지방으로 축적된다. 서구인에게 비만 체질이 많은 것은 이 때문이다.

이에 반해 동양인의 경우 인슐린의 분비 능력이 낮아서 혈당치가 올라가기 쉽다. 그것이 만성화하여 당뇨병이 된다. 동양인은 과식해도 비만이 되기 어려운 대신 당뇨병이 되기 쉽다. 그것이 체질적인 특성이다. 죽을 때까지 좋아하는 것을 먹고 싶은 사람은 당뇨병 예방에 진지하게 힘쓰기 바란다. 감염증은 백신도 있고 자가면역으로도 치료가 되지만, 당뇨병은 일단 발병하면 평생 완치하기 어렵다.

나는 3년 전부터 새로운 당뇨병 치료제 'SGLT2-억제제'를 복용하고 있다. 당뇨병을 걱정해서가 아니라 예방하기 위해서다. SGLT2-억제제는 소변으로 당이 배출되도록 촉진하여 혈당치를 내리는 효과가 있다. 2014년에 등장한 이래 당뇨병 치료의 기존 개념을 바꾼 약제로 주목받고 있다. 종래의 당뇨병 치료제는 췌장에 손상을 입힌다는 부작용이 있었지만, 이 SGLT2-억제제는 그런 부담이 적다. 또한, 체중 감소, 혈압 저하, 지질 개선에도 효과가 있다.

골치 아픈 난치병도 테크놀로지의 진화로 발병 리스크를 줄일 가능성이 생겼다. 중요한 것은 건강하고 문제없는 중에 미리 대비하는 것이다. 병은 무엇보다 예방이 우선이다. 그런데 많은 사람이 그것을 성가시게 여기다가 돌이킬 수 없는 사태에 이른다. 때를 놓치고 후회해봤자 소용없는데 말이다.

자신의 혈당치를 파악하고 있는 사람은 적을 것이다. 당신은 자신의 당뇨병 발병 리스크가 어느 정도인지 아는가. 의료 현장은 보험제도의 이권을 지키기 위해 예방 의료에 모호한 태도를 보이는 경향이 있다. 따라서 당신은 병에 대한 응용력을 높일 필요가 있다.

자신은 괜찮을 거라는 근거 없는 낙관적인 태도는 버리자. 일단 의료기관에서 적절한 검사를 받고 자기의 몸 상태를 파악하자. 걸리고 나면 돌이키기 힘든 질환은 미리미리 예방하고 관리해야 한다.

POINT

걸리고 나면 돌이키기 힘든 질환은 미리 관리해야 한다. 대표적으로 당뇨가 그렇다. 인생 전반의 컨디션 관리를 위해 건강을 돌본다.

건강검진은 주기적으로, 사소한 건강 신호도 신경 쓸 것

치아 통증은 사람이 느끼는 통증 중에서 가장 견디기 힘든 것 중 하나라 한다. 왜 그럴까? 치주염의 악화로 생기는 폐해는 아주 많고 때론 생명과 연관될 만큼 심각하므로, 신체가 그만큼 강력한 신호를 보내는 것이 아닐까 생각한다.

통증은 컨디션에 더 신경을 쓰라는 몸의 경고다. 강도가 큰 통증일수록 더 주의할 필요가 있다는 뜻이다. 다시 말해 치주염 예방은 건강 관리의 옵션이 아니라 필수이다.

나는 젊은 시절부터 치아 관리에 유념하고 있다. 20대 무렵에 치근농양이 생긴 적이 있는데, 충치를 방치한 것이 원인이었다. 양치질도 대충 하고 구강 내 상태도 나빴기 때문에 의사에게 혼쭐이 났다. 부득이하게 발치 후 임플란트를 심을 수밖에 없었다. 음식을 먹는 등 일상생활에는 문제가 없을지라도, 정기적인 관리가 필요하다.

한 번 손상을 입은 영구치는 재생이 되지 않는다. 이를 잃고 큰돈을 들인 후에야 진즉에 제대로 관리했더라면 좋았을 텐데 하고 후회했다. 나도 그때의 발치를 계기로 꾸준히 신경 쓰고 있다. 아침저녁으로 치실과 칫솔을 이용하여 꼼꼼하게 양치질하고 3개월에 한 번은 치과의사에게 스켈일링을 받으며 치주염 예방에 힘쓰고 있다.

미국에는 '치실 아니면 죽음'이라는 표현이 있다. 치아 건강의 관리 여부가 죽음과 맞닿아 있다고 여길 정도로 중요하다고 여기는 것이다. 그래서 어릴 적부터 식사 후에는 치실이나 덴탈 워시로 관리하는 습관이 몸에 배어 있다.

치아 관리의 측면에서 선진국으로 손꼽히는 스웨덴과 핀란드에서는 수개월에 1회는 전 국민이 무료로 치석 제거를 받을 수 있다. 의무는 아니지만, 만일 관리를 소홀히 하여 충치가 되면 치료비는 전액 자가 부담이다. 치료비가 엄청 고가인 만큼 전 국민이 치아 관리에 여념이 없다. 독일에서는 정기적으로 치과에서 클리닝을 하지 않는 사람에게는 치과 치료 보험이 적용되지 않는다고 한다.

이런 식으로 각국이 정책 차원에서 치주염 예방을 독려하는 데에는 국가의 의료비를 억제하는 목적도 있다. 치주염 환자는 어느 국가든 나이나 성별을 막론하고 많다. 치주염 예방 대책으로 의료비는 대폭 감소한다. 이런 제도는 일본에서도 꼭 시행되면 좋겠다.

치주염 균은 잇몸과 잇몸 뼈 주변에 잠입하여 조금이라도 관리를 소홀히 하면 금세 번식한다. 그리고 병균은 모세혈관에서 체내로 침입하여 두통, 면역부전, 내장이나 관절 염증 등 다양한 질환을 유발한다.

한 전문기관의 연구에 따르면, 뇌 내에서 동맥류 파열을 일으킨 환자의 환부에서 치주염 균이 검출되었다고 한다. 질환의 직접적인 원인인지 어떤지는 명확하지 않지만, 치주염 균은 때론 뇌에까지 도달한다고 한다.

또, 다른 연구에서는 심질환으로 사망한 유체 5,000구의 심장을 해부했더니 90% 이상의 유체에서 구강 내 세균이 검출되었다고도 한다. 심근경색을 일으킨 유체의 관동맥 내 혈전에서도 치주염 균이 검출되었다고 한다. 치주염을 방치하면 뇌졸중이나 심부전증에 이르는 것이다.

대부분 일본인은 치아 관리에 대한 의식이 의외로 낮다. 치실은 성가시다, 치과에 스케일링하러 갈 시간이 없다는 사람이 적지 않을뿐더러, 개중에는 충치는 진통제로 참는다는 사람도 있다.

치아 관리를 소홀히 한 결과로 인한 건강 폐해는 보기보다 엄청나다. 반복하지만, 심각한 치주질환은 생명을 앗아갈지도 모른다. 꼼꼼한 양치질과 정기적인 치과 검진은 수명 관리라고 생각하고 힘쓰자.

또한, 구취 관리와 치열을 고르게 하는 인식도 더 진지하게 받아들여지기를 바란다. 다른 말을 할 것도 없이 입 냄새만 해도 지나친 민폐다. 비즈니스 기회도 달아나버린다. 당뇨병이나 위염 같은 질환이 있을 가능성도 배제할 수 없다. 구취 체크도 확실히 하자.

치아 트러블은 누구든 주의하면 가능한 대처할 수 있다. 다양한 기회 상실의 리스크를 줄여 가자.

POINT

컨디션은 사소한 지점부터 관리해야 한다. 사소한 건강 신호를 무시하고 있지는 않은가. 치아부터 정기적으로 검진하여 컨디션을 관리한다.

"행복은 습관이다.
그것을 몸에 지녀라."

- 허버트 조지 웰스 -

정말 바라는 것을 향해
끊임없이 추동하는 힘

우리 나이로 50세를 지천명知天命이라고 부른다. 사람은 50세가 될 즈음이면 천명을 안다. 인생에서 온 마음을 다해 이뤄야 할 것을 안다… 그것이 지천명이라는 말의 의미다.

나는 지금 만으로 49세다. 나이로만 보면 지천명이 코앞이다. 이제 내 인생의 의미를 깨달을 무렵이라는 말이다. 그런데 지금도 헤매는 인생을 한 살 더 먹는다고 내가 인생의 의미를 깨달을 수 있을까? 아무래도 무리가 아닐까. 아니 분명히 무리이다. 물론 나는 애초에 그럴 마음도 없다. 그런 방식으로 인생에 의미를 두지 않는다.

5장에서도 다뤘듯이 바이오테크놀로지의 약진은 눈부시다. 특히 2012년에 'CRISPR-Cas9'이라는 게놈 편집 기술이 탄생했다. 이 기술은 2020년 노벨화학상을 받을 만큼 대단한 기술이고, 이 기술 덕에 생명의 신비라 일컫던 것들이 무수히 해명되고 있다.

인류의 유전적인 수명은 40세 정도로 설정되어 있다고 한다. 하지만 오늘날에 40세라 하면 결코 많다고 할 수 없는, 오히려 한창이라 할 수 있는 나이로 본다. 흔히들 말하는 선진국, OECD 가입국의 평균수명은 80세를 넘은 지 오래다. 이미 유전적인 한계를 넘어선 장수가 당연해진 시대가 되었다는 말이다. 여기서 더해 장수는 물론이고, 불로불사 역시 조금 더 멀게 보면 이제 꿈같은 이야기만은 아니게 된 것이다.

인생은 수단이다. 당신이 지닌 시간을 오롯이 즐기기 위한 수단이다. 당연히 당신의 일도 연애도 육아도 전부 그를 위한 수단에 지나지 않는다. 인생 그 자체에는 아무런 의미가 없다. 다시 말해, 지천명의 의미를 인생 그 자체에서 찾으면 안 된다는 뜻이기도 하다.

그렇다고 인생에 관한 사색이 무의미하다는 말은 아니다. 인생의 의미를 사색하는 행위 자체는 또 그 하나로 즐거움이자 쾌락이 되기도 한다. 철학적 쾌락이라고 말할 수 있을 것이다. 그저 내가 거기에 흥미가 없을 뿐이다. 나는 더더욱 단순하게 지내고 싶다. 인생을 순도 100%로 단순하게 즐기고 싶다. 내가 이 책에서 습관 노하우를 밝힌 것은 모두 그 때문이다. 당신 역시 모든 능력을 최대화하여 인생을 전력으로 즐겼으면 하는 마음이다.

산업혁명 이후로 테크놀로지의 발전 속도는 주욱 엄청났지만, 앞으로의 발전 속도는 감히 상상조차 하기 힘들 만큼 가속화될 것이다. 그에 따라 속도뿐만 아니라 테크놀로지의 스케일도 여태 경험하지 못한 범주로 확장될 것이다. 이는 다시 말해 인간이 인지하고 행동할 수 있는 세계 자체가 확장된다는 뜻이다. 당신의 삶과 생명도 시간적인 차원뿐 아니라 공간적인 차원에서도 확장될 것이라는 뜻이기도 하다.

나는 완전무결한 즐거움으로 계속해서 이 생명을 불태우고 싶다. 일도 노는 것도 뭐든 전부 다 말이다. 태우고 계속 태운다. 자, 당신은 어떤가. 당신이 바라는 인생은 어떤 모습인가.

어떤 모습이든, 당신이 진정 바라는 삶의 모습으로 살아가길 바란다. 바로 지금, 이 순간부터 말이다.

먹고 자고 노는 것 중 먹기

조 이치리키

(피트니스 연구가, 호리에 다카후미 이노베이션대학교 HIU 학생)

저는 15세 때 복싱을 시작했습니다. 고교 시절에 나름의 성적을 거두어 체육 특기생으로 도요대학교에 진학했습니다. 대학생이던 시절부터 트레이너로 활동한 이래 41세가 된 오늘까지 줄곧 피트니스 업계에 몸담아 왔습니다.

2016년에 설립한 복싱 피트니스 스튜디오 '비-몬스터'의 창립 멤버로, 일본 최초로 불이 꺼진 스튜디오에서 화려한 미러볼, 조명 연출과 함께 비트가 강한 음악과 강사의 구호 소리에 맞춰 복싱 동작을 반복하는 운동 프로그램 '암흑 복싱'을 도입

했습니다. 현재는 피트니스 관련 비즈니스와 이벤트 프로듀서, 프로 복싱 짐 매니저, 보조제와 건강기구 판매 그리고 물론 현장에서 트레이너도 하고 있습니다.

　문득 생각하니 365일 쉬지 않고 일하던 상태여서 친구가 "괜찮아?"라고 걱정도 했지만, 당시부터 지금까지 저는 전혀 힘들지 않았습니다. 저에게 일이란 레저와 같습니다. 하루하루가 더없이 즐겁습니다. 물론 컨디션 관리에도 만전을 기하고 있죠. 컨디션 지도가 저의 직업인데 제가 몸을 망가뜨린다는 것은 말이 안 되는 일입니다. 컨디션 관리에서 중요한 것은 신체 활동의 온오프 전환, 영양가 높은 음식의 섭취 그리고 적당한 운동입니다.

　대학생 시절의 저는 공부와 복싱 연습밖에 하지 않았습니다. 그것은 그 나름의 방식으로 무척이나 즐거운 일이었습니다. 하지만 체육 특기생으로 입학한 학생이던 저는 동아리 활동을 할 여유가 없었기 때문에 흔히 말하는 대학생다운 활동은 전혀 해보지 못했습니다.

　사회인이 되고 나서도 '난 청춘다운 청춘을 누리지 못했다'

라는 생각에 늘 아쉬웠습니다. 그러던 어느 때 HIU의 존재를 알게 되었습니다. '이곳이라면 보통의 대학생처럼 즐길 수 있을지도 모른다' 좋아하는 것을 맘껏 배우며 청춘을 되돌리고 싶다는 기분으로 2019년에 몸을 담았습니다. HIU에 들어가서 바로 합숙에 참여하고 피치 이벤트에 열중했더니 금방 마음에 맞는 친구가 많이 생겼습니다.

호리에 씨는 한마디로, 아름다운 사람입니다. 호리에 씨가 저를 누군가에게 소개할 때 꼭 "조 씨, 암흑 복싱 비-몬스터의 창립 멤버라고 말해도 될까요?"라고 물어옵니다. 그런 식으로 저를 브랜딩해주는 거죠. 호리에 씨의 배려에는 고마울 따름입니다.

호리에 씨는 트레이너인 제가 보아도 컨디션 관리에 엄청난 공을 들이는 사람입니다. 웨이트트레이닝을 빠트리지 않고 스트레칭이나 마사지에도 결코 소홀한 적이 없습니다.

근육을 늘리는 스트레칭은 대단히 중요합니다. 근육은 단련하면 수축하므로 제대로 늘려줘야 합니다. 동물의 왕이라 불리는 사자는 사냥의 명수지만, 웨이트트레이닝 같은 건 하지 않습니다. 사자는 사냥할 때 외에는 몸을 쭉 펴기를 반복하며 이

완하는 데 힘씁니다. 그렇게 항상 근육을 충분히 풀어주기 때문에 사냥할 때가 되면 엄청난 근력을 발휘하게 됩니다.

호리에 씨는 보조제도 좋은 것만 골라서 먹습니다. 몸을 위해 시간과 돈을 아끼지 않는 것을 잘 압니다. 호리에 씨 만큼은 아니더라도 건강에 투자해야 한다는 의식을 더 가져야 합니다.

저는 피트니스를 지도할 때 항상 먹고 자고 노는 것의 중요성을 강조합니다. 피트니스라고 한마디로 말해도 웨이트트레이닝만이 아닙니다. 몸을 써서 맘껏 놀면 운동이 되어 자신의 하루를 아낌없이 쓰고 편안한 피곤함으로 잠이 듭니다.

단순히 자고 노는 것은 비교적 실행하기 쉽지만, 먹는 것에 관해서는 좀처럼 제대로 마음을 쓰지 않는 듯합니다.

저의 친척이 농사를 짓고 있어 농사일을 도왔던 시기가 있습니다. 시냇물로 채소를 씻고 쌀 한 톨 한 톨까지 소중히 하는 삶을 살아가니 음식에 대한 감사와 더불어 음식이 가진 본래의 힘을 확실하게 느낍니다.

그래서 음식은 제철 음식을 먹도록 상당히 신경을 씁니다. 제철 음식이 가장 영양가가 높으니까요. 그리고 제철 음식이 당연히 가격도 쌉니다. 좋은 점이 가득합니다. 슈퍼에서도 제철 식재료를 고릅니다. 그렇게만 해도 컨디션이 월등히 좋아집니다.

우리가 진정 행복하다고 여기는 순간은 생각보다 우리 삶에서 멀지 않을지도 모릅니다. 아주 사소한 행동이 습관으로 이어지고, 이 습관이 인생 전반의 태도를 결정합니다. 자신에게 조금 더 솔직해지고, 솔직한 마음에 따라 정말 하고 싶은 것을 하면서, 정말 중요한 것을 따라가다 보면 어느새 진정으로 즐거운 삶을 살고 있을 것입니다. 저는 호리에 씨에게서 이런 것을 배웠습니다.

피로의 대부분은 '뇌의 피로'

마쓰자와 비묘

(오테야스미 대표, 호리에 다카후미 이노베이션대학교HIU 학생)

저는 릴렉세이션 테라피스트입니다. 이전에는 미용 관련 일을 했는데, 타이 고대 마사지를 현지에서 직접 배운 다음 지금의 일에 종사하게 되었습니다. 현재 도쿄에서 핸드 리플렉솔로지 전문점 '오테야스미'를 운영하고 있습니다. 핸드 리플렉솔로지란 문자 그대로 손바닥, 손끝에 자극을 가하여 심신을 이완시켜 건강을 돌보게 하는 요법입니다.

사실 현대인이 느끼는 피로는 대부분 뇌의 피로입니다. 정신 없이 일한 다음 엄청 피곤하다고 느끼는 것은 그렇게 감각을 총괄하는 뇌 자체가 피로해진 경우가 대부분입니다. 그런 만큼 피로를 풀고 동기부여를 유지하려면 뇌의 피로 관리가 무엇보다 중요합니다.

현대인은 스마트폰과 컴퓨터를 장시간 다룹니다. 아무래도 손끝, 팔, 눈을 혹사하기 쉽죠. 그 혹사가 뇌의 피로를 초래하는 것입니다.

많은 사회인이 보이지 않는 피로에 절여져 힘들어합니다. 사후 관리도 물론 중요하지만, 그 이상으로 중요한 것은 먼저 피로해지지 않게 자신을 돌보는 사전 관리입니다. 그리고 사전 관리에서 가장 중요한 것이 수면입니다. 그렇다고 단순히 수면 시간을 늘리면 된다는 말은 아닙니다. 알파파와 세타파라는 두 가지 뇌파의 균형을 유지하는 수면이 이상적입니다.

이 뇌파에 관해서는 뇌 구조에 관한 전문적이고 과학적인 이야기가 되므로 구체적인 내용은 생략하겠지만, 렘수면과 논렘수면을 적절히 균형을 이루는 것이 좋은 수면의 포인트라는 점은 아마 많은 분이 이미 알고 계실 것입니다.

그래도 조금 풀어서 풀어보자면, 사람의 수면 상태에는 렘수면과 논렘수면이 있습니다. 렘수면에서는 뇌의 기억 정리나 기억 정착이 이뤄집니다. 이때는 몸은 쉬고 있으나 뇌는 활발히 움직이는 상태입니다. 말하자면 얕은 잠에 빠진 것입니다. 한편, 논렘수면은 깊은 잠을 의미합니다. 이때에야 몸뿐 아니라 뇌도 휴식 상태에 접어드는 것입니다. 그러니 잠에 들더라도 렘수면 상태에서는 뇌가 계속 활동하고, 논렘수면 상태에 접어들어야 뇌에 축적된 피로가 풀리게 됩니다.

사람은 자는 동안 렘수면과 논렘수면을 주기적으로 오갑니다. 수면시간이 지남에 따라 점점 잠이 얕아지면서, 즉 렘수면이 늘어나다가 마침내 마지막에 각성합니다. 따라서 수면에서 중요한 것은 수면시간보다 그 질입니다. 아무리 많이 자도 렘수면의 비율이 높으면 그만큼 뇌가 쉬지 못하기 때문에 뇌의 피로를 해소할 수 없습니다. 푹 잤는데도 전혀 피로가 풀리지 않는다면 뇌의 피로 해소가 제대로 이뤄지고 있지 않기 때문입니다.

좋은 잠을 자려면 역시 평소에 몸을 쉬게 해두는 것이 좋습니다. 오테야스미의 핸드 리플렉솔로지는 손바닥, 손끝, 팔, 견갑골을 중점적으로 자극하여 뇌의 피로 해소와 예방을 촉진함과 더불어 근육 이완에도 탁월한 효과도 발휘합니다.

　제가 HUI에 입회한 것은 2017년입니다. 입회하고 얼마 되지 않은 무렵에 호리에 씨가 "누군가 손을 마사지해주는 샵을 열어주지 않겠는가?"라고 HUI 마사지 그룹에 댓글을 달았습니다. 호리에 씨는 줄곧 스마트폰을 만지고 있어 손과 팔에 항상 피로를 느껴 전문점을 열면 어떨까 생각했다고 합니다.

　그런 호리에 씨의 제안으로 HIU 회원 중에 릴렉세이션이나 마사지 치료 등에 종사하는 뜻을 같이하는 사람이 모여 시작한 것이 오테야스미입니다. 저희는 이로써 뇌의 피로를 풀어주기 위한 자그마한 디딤돌 역할을 하게 되었습니다.

　다시금 이야기하되 현대인이 느끼는 피로는 대부분 뇌의 피로입니다. 저희 오테야스미를 찾아주셔도 좋겠지만, 꼭 오테야스미가 아니라도 좋습니다. 뇌의 피로를 관리하는 습관을 들여 건강과 컨디션을 관리하시기를 바랍니다.

간단한 습관이 끝까지 간다

2023년 6월 21일 초판 1쇄 발행

지은이 호리에 다카후미　**옮긴이** 장은주
펴낸이 박시형, 최세현

책임편집 박현조　**디자인** 디자인봄
마케팅 권금숙, 양근모, 양봉호, 이주형　**온라인홍보팀** 현나래, 신하은
디지털콘텐츠 김명래, 최은정, 김혜정, 서유정　**해외기획** 우정민, 배혜림
경영지원 홍성택, 김현우, 강신우　**제작** 이진영
펴낸곳 (주)쌤앤파커스　**출판신고** 2006년 9월 25일 제406-2006-000210호
주소 서울시 마포구 월드컵북로 396 누리꿈스퀘어 비즈니스타워 18층
전화 02-6712-9800　**팩스** 02-6712-9810　**이메일** info@smpk.kr

쌤앤파커스(Sam&Parkers)는 독자 여러분의 책에 관한 아이디어와 원고 투고를 설레는 마음으로 기다리
고 있습니다. 책으로 엮기를 원하는 아이디어가 있으신 분은 이메일 book@smpk.kr로 간단한 개요와 취
지, 연락처 등을 보내주세요. 머뭇거리지 말고 문을 두드리세요. 길이 열립니다.